अपना चमत्कारी क्षण शुरू करें

जीवन को बदलने वाला गुप्त ब्रहमांड का जादू सीखिए और समझिये आकर्षण का नियम तथा इसके प्रति नजरियाँ

सपना बैनर्जी

मैं यह पुस्तक सभी पाठको को समर्पित करती हूँ और उनके सपनों को हासिल करने के लिए ढेर सारी सफलता की कामना करती हूँ |

क्रम-सूची

प्रस्तावना — ix

भूमिका — xi

लेखक के बारे में — xiii

आभार — xv

विवरण — xvii

1. अपना चमत्कारी क्षण शुरू करें — 1

2. कृतज्ञता (ग्रेटिटीयूड) क्या हैं? — 2

3. कृतज्ञता का हमारे जीवन में महत्व — 4

4. कृतज्ञता के बारे में कुछ महान लोगों के कथन — 7

5. कृतज्ञता कैसे कार्य करता हैं ? — 9

6. लक्ष्य कैसे बनाए ? — 11

7. कृतज्ञता को कैसे समझे ? — 12

8. कृतज्ञता कैसे व्यक्तं करते हैं? — 13

9. प्रेरक बातें — 14

10. कृतज्ञता को कैसे अपनाए ? — 15

11. कृतज्ञता की एक लिस्ट बनाए — 16

12. कृतज्ञता प्रतिज्ञान स्वास्थ्य के लिए — 17

13. कृतज्ञता प्रतिज्ञान अच्छे जीवन के लिए (अफ्फ़र मेशन) — 18

14. कृतज्ञता प्रतिज्ञान धन के लिए — 19

15. कृतज्ञता प्रतिज्ञान(अफरमेशन) परिवार के लिए — 20

16. आकषर्ण का नियम (लो ऑफ़ अट्रैक्शन) — 21

17. कैसे आप इसका प्रयोग कर सकते हैं ? — 24

क्रम-सूची

18. जीवन में लागू करने के लिए आकर्षण का नियम   28

19. सोच का नियम   31

20. कैसे अपने जीवन में इसका प्रयोग करें ?   32

21. योग निद्रा का अभ्यास   34

22. आकर्षण के नियम , प्रतिज्ञान (अफरमेशन)   37

23. क्या कारण हैं आप असफल हो जाते हैं ?   39

24. सही कल्पना कैसे करें ?   43

25. विजुलाइजेशन क्या हैं ?   44

26. मस्तिष्क की प्रोग्रामिंग   46

27. पूरे विश्वास से महसूस करों   47

28. विजुलाइजेशन से हमें चिंता से मुक्ति मिलती हैं   48

29. विजन बोर्ड   50

30. मेजिक चेक   51

31. मन की शक्ति कैसे कार्य करती हैं?   52

32. आपके अवचेतन मन की अद्धभुत शक्ति   53

33. कैसे करे हम अपने जीवन में अवचेतन मन का उपयोग   58

34. मन और आत्मा   60

35. हमारे चेतन मन का स्थान   61

36. हमारे जीवन में मन की अवस्थाए   62

37. हमारे जीवन में आल्फा अवस्था का महत्व   64

38. मन की प्रोग्रामिंग   66

39. टेलीपेथी   68

क्रम-सूची

40. अवचेतन मन के कार्य दूर संवेदना (टेलिपेथी) 74

41. संवेदना क्या कार्य करती हैं 75

42. त्वरित प्रतिक्रिया का हमारे जीवन पर प्रभाव 76

43. अंतरात्मा की आवाज 77

निष्कर्ष 79

सन्दर्भ 81

क्या मैं आपसे एक छोटा एहसान मांग सकती हूँ ? 83

प्रस्तावना

मैं आपसे इस किताब को पढने और इसमें बताई गई तकनीकों को आपको अपने जीवन में लागू करने का आग्रह करती हूँ | मुझे विश्वास हैं कि ऐसा करने से आप उस चमत्कारिक शक्ति को जानेगे जो दुविधा , दुःख , उदासी और असफलता को उथल पुथल को दूर करने में आपकी मदद करेगा |यह ब्रह्माण्ड की जादुई शक्ति आपको अपनी मंजिल तक पहुचनें में मदद करेगी ,आपकी समस्याओं को हल करेगी | आप सब चिंताओं से मुक्त करेगी , और आपको सुख शांति के मार्ग पर ले जाएगी |

वास्तव में सकारात्मक सोच बेहतर भावात्मक स्थिति आपको अधिक कौशल बनाने के लिए ट्रैक पर रखती हैं जिससे अंतत अधिक सफलता मिलेगी और आप बढ़ी हुई सावधानी ,कृतज्ञता और आत्म करुणा भी देखेंगे | अगर आप अपने मस्तिष्क की कार्य शैली को समझना चाहते हैं और अपनी सोच को सकारात्मक बनाना चाहते हैं तो मेरे ख्याल से इस से बेहतर कोई किताब नहीं मिलेगी और साथ ही आप जानेंगे कि सिर्फ अपनी सोच के कारण ही आप ने अपनी जिंदगी में क्या खोया हैं और अपनी सोच को बदल कर,आप क्या हासिल कर सकते हैं|

प्रसन्नता आपकी जीवन मुद्रा हैं , ठीक वैसे ही जैसे धनं किसी भी व्यवसाय की मुद्रा हैं |प्राथमिक उद्देश्य अपने लक्ष्यों की पीछा करते हुए अपने ख़ुशी के स्तर को बढ़ाना चाहिए |आपकी खुशियों से भरा जीवन,बाहरी घटनाओं पर ही निर्भर नही होना चाहिए | आप अपने जीवन में सकारात्मकता को भी चुन सकते हैं |यदि आप कृतज्ञता को अपने जीवन में अम्ल करके एक प्रसन्नचित मस्तिष्क बनना सीखते हैं,तो इससे न केवल आपके शारीरिक और मानसिक स्वास्थ्य में सुधार होगा, साथ ही आप में अधिक वितीय सफलता से भरपूर करियर प्राप्त कर सकेंगे |

मनुष्य अपने जीवन में सुखी – दुखी,अमीर –गरीब ,भयभीत ,तनाव ग्रस्त ,आस्थावान तथा आत्म विश्वासी ,सफल- असफल क्यों

होता हैं क्या इसका कोई आपके चेतन और अवचेतन मन में कोई जबाब आपके पास हैं , क्या इसका कोई उत्तर मिल सकता हैं ? हाँ मिल सकता हैं जरुर मिल सकता हैं |

इस किताब को पढ़कर आप जीवन के चमत्कारी रहस्य को जान सकते हैं और अपने जीवन को सुखों में बदल सकते हैं आप जीवन में हर चीज पा सकते हैं जिसको आप चाहते हैं जिसके आप वास्तव में हकदार हैं और कृतज्ञता , आकर्षण के नियम को अपना कर अपने जीवन के प्रति नजरियाँ को बदल सकते हैं |

भूमिका

जब आप कृतज्ञ होते हैं तब आपका ध्यान जीवन की सकारात्मक चीजों पर ही होता हैं | यह हमें विज्ञान ने सिखायाहैं लेकिन अगर हाँ उसी बर्तन को किसी चीज से भर दे तो उसमें से हवा निकल जाती हैं बिल्कुल उसी तरह हमारा खाली मन शैतानी और नकारात्मक विचारों से भरा हुआ होता हैं | अगर हम उसे कृतज्ञता की भावना से भर देंगेतो नकारात्मक विचार अपने आप अपनी जगह छोड़ देती हैं |

एक आदमी बिलकुल मरणासन्न अवस्था मे पड़ा हुआ था |एक साधु को दिखाईदिया |साधु अपने आश्रम की तरफ जा रहे थे |उन्होंने उस आदमी को उठालिया और अपने आश्रम ले आये |उसे पानी पिलाया और खाना भी खिलाया|उसका इलाज भी करवाया |4 से 5 दिन में उसकी आदमी की सेहत मैं सुधारआया |वह ठीक हो रहा था तो साधु ने ऐसे होने का कारण पूछा तो वो आदमी कारण पूछते , ही फूट फूट कर रोने लगा और कहने लगा कि ईश्वर ने मुझे बहुत ही खराब जिन्दगी दी हैं न जाने किस जन्म के पाप की सजा दे रहे हैं |मैंने ऐसा क्या बुरा किया जो ईश्वर ने मुझे इसके लिए चुना| मैं मर जाना चाहता था लेकिन आप मुझे यहाँ लेकर आए | आपने मुझे क्यों बचाया ? मैं ऐसी जिन्दगी जीना नहीं चाहता |

अब साधु ने कहा ,ईश्वर ने तो तुम्हें एक बेहतर जिन्दगी दी थी जिसमें तुम्हे अपने हाथों से रंग भरने थे | अब जब तुम खुशियों के रंग भरने की बजाए दुखों के रंग भरते जाओगे तो इसमें ईश्वर इसमें क्या कर सकते हैं | तुमने अपनी जिन्दगी के लाखों सकारात्मक चीजों की छोड़कर नकारामक चीजों पर अपनी उर्जा लगाई तो तुम्हारे जीवन मैं वही नकारात्मक चीजें ही आएंगी और तुम्हें उन्हें स्वीकार करना ही होगा |तुम्हारे जीवन के दुखो के चक्रों को तोड़ना सिर्फ और सिर्फ तुम्हारें हाथ में हैं और इसको कृतज्ञता की मदद से कर सकते हो |उस आदमी को अपनी गलती का अहसास हुआ |उसने साधु से वादा किया किवो का ही भी नकारात्मक चीजों पर ध्यान नहीं देंगा और जिन्दगी में गलत भी

हो जाए तो उसमे भी कुछ अच्छा ही जरुर खोजूंगा |क्यों कि वह जब शिकायत करता था तो अपने मन को नेगेटिविटी से भरता था और साधु से बात करने के बाद उसे इस बात का एहसास हुआ कि वो कितना गलत कर रहा था | उसे यह बात समझ आई कि शिकायत एक ऐसा जहर हैं जो सब कुछतबाह कर सकता हैं और कृतज्ञता एक ऐसी दवा हैं जो किसी ला इलाज बीमारी को ठीक कर सकता हैं | चाहे वो मानसिक हो या शारीरिक |जब हम अपनी भावनाओं को बदलते हैं तो हमारी सोच अपने आप बदल जाती हैं और जब सोच बदल जाती है तो जिन्दगी बदलने में देर नहीं लगती |

कृतगता की भावना नकारात्मक विचारों को सकारात्मक विचारों में बदल देती हैं और यही इस आदमी के साथ हुआ | उसका मन कृतज्ञता की भावना से भरने के कारण उसके जीवन की सारी समस्या नष्ट हो गयी |

जिस तरह अन्धकार को एक सिर्फ एक छोटी सी रौशनी भेद सकती हैं उसी तरह कृतज्ञता की भावना आपके दुखों को नष्ट कर देती हैं | जीवन को आसन बनाना आपके हाथ में हैं और फिर भी कोई बड़ी मुश्किल आ भी जाती हैं तो यह मुझे मजबूत बनाने के लिए ही आई | ऐसा सोचते हुए मुशिकल का सामना करना चाहिए | क्यों कि कई बार ईश्वर जानबूझकर हमारी परिस्थिति नहीं बदलते क्यों कि उन्हें हमे और हमारी मनोस्थिति को ही बदलना होता हैं |

लेखक के बारे में

सपना बैनर्जी अमेजन के #1 बैस्ट सेलिंग लेखक हैं वह मानती हैं , कि किसी भी कला और रूप में लिप्त होना मस्तिष्क के रचनात्मक और तार्किक पक्ष को बनाए रखने के लिए किसी भी कला के रूप में शामिल होना महत्वपूर्ण हैं |हालाकि उनके विचारों और भावनाओं को कविता में विकसित होने वाली कविताओं को सुने | कालेज के समय से ही कविता लिखने का शौक था | वह प्रेरणा और व्यक्तिगत शैली में कहानी लिखते हैं |जीवन को देखने और समझने की उनकी गहरी समझ उन्हें चीजों को अलग तरह से देखने के लिए प्रेरित करती हैं कोरोना महामारी के बोच उनकी लेखन यात्रा 2021 से शुरू हुई और यह शौक पुस्तक लेखन में बदल गया |

उनकी पहली पुस्तक "मेरी काव्य रचनाये" उनकी दूसरी पुस्तक "काव्य उदय " उनकी कविताओं में आपको विभिन्न दृष्टिकोणों के बारे में जानने में मदद करेगी | इनकी तीसरी पुस्तक "महिला सशक्तिकरण" और चौथी पुस्तक "मंजिल की तलाश" , इनकी पांचवी पुस्तक "मौन की चमत्कारी शक्ति"और अब इनकी छठी पुस्तक "अपना चमत्कारी क्षण शुरू करें|

आप अपने सुझाव नीचे मेल द्वारा इन पुस्तकों को पढ़ कर साझा कर सकते है | "अपना चमत्कारी क्षण शुरू करें" को और अधिक जानने के लिए पढ़ें यह किताब|

1310.sapna@gmail.com

आभार

वर्ष 2021 से मेरी कविता लिखने की शुरुआत हुई | जिंदगी जब अपने रफ्तार में चलती हैं तो समय कैसे बीतता हैं पता ही नहीं चलता हैं | परन्तु कभी कभी जिन्दगी ऐसे मोड़ ले लेती हैं , कि अचानक सब कुछ बदल जाता हैं, तब हमें जिंदगी का महत्व समझ आता हैं |वैसे ही मेरी जिंदगी में मोड़ आए | मुश्किलों से परेशान होकर होकर मैनें भी अपनी 2021 से पुस्तक लिखने की शुरुआत की|

मुझे साहित्य जगत के वर्तमान पीढ़ी के सविख्यात लेखक ओम वाटला जी का सानिध्य मिला और उनसे मिले प्रोत्साहन से मेरी कलम चल पढ़ी | मेरी सभी पुस्तकें किन्डल वर्जन और पेपर बेक में मैनें लिखने का अथक प्रयास किया |

मैं शोम वाटला जी का हर्दय तल से आभार व्यक्त करना चाहूंगी | शोम वाटला जी के प्रेरणा का ही परिणाम हैं जो मैं अब अपनी पांचवीं किन्डल वर्जन और पेपर बेक पुस्तक प्रकाशित करने जा रही हूँ |

अपने परिवार का जिनके साथ के बगैर मैं कुछ भी नहीं कर सकती थी | और उन सभी साथियों का जिन्होनें किसी न किसी रूप से मेरी मदद की |

लेखन कार्य बिना किसी प्रकार के बाधा के सम्पन्न हो सका इसलिए मैं ईश्वर के समक्ष नतमस्तक हूँ |

आप सभी का धन्यवाद

बिना शर्त समर्थन

धन्यवाद

विवरण

क्यों यह किताब?

क्या आप जादू में विश्वास करते हैं? यहाँ आपके लिए एक उत्कृष्ट कृति हैं | कृतज्ञता आपके जीवन में सकारात्मक का ऊर्जा जो सचेत रूप से करके, आपके सभी स्वप्नों को सच [अनलांक] करने का तरीका हैं | यह पुस्तक आपको यह बताती हैं कि कैसे आप आनन्द, प्रेम, प्रशंशा,की प्रचुरता को आसानी से बढ़ा सकते हैं और ख़ुशी इसके बजाय जो आपके पास हैं उसके लिए आभारी रहे | जो आप नहीं करते |मैं आपसे इस किताब को पढने और इसमें बताई गई तकनीकों को अपने जीवन में लागू करने का आग्रह करती हूँ |मुझें विश्वास हैं कि ऐसा करने से आप उस चमत्कारी शक्ति को जानेंगे जो दुविधा , दुःख , उदासी और असफलता की उथल पुथल को दूर करने में आपकी मदद करेगा |कृतज्ञता , आकर्षण का नियम ,और सही मानसिकता को जीवन में अपना कर अपना चमत्कारी क्षण शुरू कर सकते हैं |यह ब्रह्मांड की शक्ति आपको अपनी मंजिल तक पहुँचाने में मदद करेगी और आपकी समस्याओं को हल करेगी |

आपका व्यवसाय, परवरिश , शिक्षा और सम्बन्ध में अपनी पूरी क्षमता को आप प्राप्त कर सकेंगे|आपको सब चिंताओं से मुक्त करेगी,और आपको सुख शान्ति के मार्ग पर ले जाएगी |

क्या यह आपके लिए सकारात्मक हैं ?

अपना चमत्कारी क्षण शुरू करे पुस्तक को पढ़ते हैं,और अपने जीवन में इसको उतारने हैं तो आप जीवन बदलने वाले अनुभवों को महसूस करेंगे और ब्रह्मांड से जादू आपको आभारी होने का अधिक मौका दे रहा है | इससे आप को एहसास होगा कि आपस अपूर्ण होते हुए भी कितने परिपूर्ण हैं| तो अभी अपनी प्रति ले और अपने सपनों को हकी- कत में दिखाना शुरू करें | आप स्वयं एक जादूगर बने और अपना चमत्कारी क्षण शुरू करें |

यदि आप अपने व्यस्त जीवन की उपेक्षा करते हैं तो क्या होता हैं ?

अपने अंतर्मन को समझना सीखों |आपको तकनीक के प्रति अपनी आदत की परवाह क्यों करनीं चाहिए ?

आपको किस स्तर की चिंता, राहत के लिए चिंता करनी चाहिए ?आत्म निरक्षण करने के परिणाम |

आप अपने तनाव से मुक्त होना कैसे सीखेंगे ?

अपने चिंता के श्रोत को पहचाने |

कृतज्ञता ,आकर्षण का नियम आप अपने जीवन में अपना कर और अपनी सही मानसिकता सेट करके,यह किस प्रकार आपके परेशानी, बोझ, चिन्ता को कम करने मैं मदद कर सकता हैं|

विशिष्ट भी और भावात्मक अवरोधों से निपटने के लिए ट्रिक|

ऐसी आदते कैसे विकसित करें जो आपकी इच्छा शक्ति और आत्म छवि को बेहतर बनाए

क्या होता हैं जब आप अपने जीवन को ठीक नहीं होने देना चाहते ?

कभी आश्चर्य न करें ,क्या होगा अगर आप मुक्त हो सकते हैं अपने तनाव से |अपने मन में सवालों का निराकरण करने लिए आप इस किताब में दिए गये मेल द्वारा अपने सुझाव मुझसे साझा कर सकते हैं |

1310.sapna@gmail.com

1

अपना चमत्कारी क्षण शुरू करें

जीवन को बदलने वाला गुप्त
ब्रह्माण्ड का चमत्कारी शक्ति सीखिए और
समझिए आकर्षण का नियम तथा मानसिकता

कृतज्ञता यह असल में एक शक्तिशाली शब्द हैं|किसीके प्रति दिल से, कृतज्ञता प्रकट करना, आभारव्यक्तकरना |यहएक ऐसीशक्ति हैं जो हमें अन्दर और बाहर से पूरी तरह बदल देती हैं|हमारा स्वभाव ,हमारी आदतों के साथ साथ हमारा जीवन बदल देतीहैं|ज्यादातर देखा गया हैं कि अच्छी आदतों से ज्यादाबुरी आदतों से घिरा रहता हैं पर उसको यह ही नहीं पता हैं कि उसकी आदते उसकी कामयाबी के लिए बाधाए उत्पन कर रही हैं और कृतज्ञता की शक्ति आपकी इस नकारात्मक सारी आदतों को जड़ सेनिकाल कर आपका जीवन सफलता और खुशियों से भर देती हैं| कृतज्ञता का मतलब होता हैं धन्यवाद होना हैं |किसी के प्रति आभार होना |

2

कृतज्ञता (ग्रेटिटीयूड) क्या हैं?

टोनी रोब्बिन एक बार घूमते घूमते एक आयरलेंड के एक गुमनाम कबीले में पहुचे |एक बड़े लंबे कबीले के आदमी ने टोनी रोब्बिन का इंग्लिश में स्वागत किया |उस व्यक्ति को ही केबल इंग्लिश आती थी |कबीले में करीबन 100 लोग थे |टोनी रोबीन एक अब तक के एक सफल व्यापार कोच थे |इनका पूरी दुनिया में इनका व्यापार था टोनी रोबिन कबीले में जगह जगह सेमीनार देते थे |वह सम्पन्न ,सफल और तमाम लोगो से हर दिन मिलते थे |टोनी रोबीन कहते है कि वह लोग सम्पन्न भी नहीं थे इन लोगो के पास ज्यादा सामान भी नहीं था |चाय भी नारियल के खोल में पी थी| टोनी रोबिन झोपडे में बुलाया गया | देखते देखते सारा कबीला उस झोपड़े में आ गया | वह लोग बहुत ही ज्यादा खुश,ऐसा नहीं देखा था |इन लोगी के चहरे में अलग ही चमक थी |फिर कबीले के लोग के हंसी ठहाके काफी चल रहा था |टोनी रोबिन के आज तक के जीवन में ऐसा नजारा|

कभी नहीं देखा था कबीले के लोग प्रेम और उत्साह से भरपूर लोगो को देखा जो इससे के जाते वक्त टोनी रोबिन ने एक व्यक्ति को रोका और पूंछा आप लोग इतने खुश कैसे हो|

आप लोगो के पास दैनिक जीवन की सामान की कमी थी फि भी आप सब इतने खुश कैसे हो |तो उस व्यक्ति ने कहा इस कबीले में केवल मुझे ही इंग्लिश आती हैं और मैंने जानबूझ कर बाकी इन सब लोगो को इंग्लिश या कोई और भाषा नहीं सिखाई लेकिन हमारी भाषा में डर,दर्द ,जलन,घृणा का कई नामोनिशान नहीं होता |हम लोग जानते ही नहीं कि यह सब होता क्या है हम लोग दुःख भी महसूस करते है तो कहते है कि आज मुझे ख़ुशी कुछ कम है,इसलिए सब बहुत जिंदादिल और खुश रहते हैं |यह भाषा की ताकत है |जो सब बदल सकती है. और कृतज्ञता की ताकत है कि हमारी भाषा ही बदल सकती है इसलिए पहले यह देखते है कि कृतज्ञता क्या नहीं है टॉप साईक्लोजिस्ट कहते है कि कृतज्ञता से नेगेटिव थॉट पैटर्न्स को पॉजिटिव में बदल कर है लेकिन कृतज्ञता सकारात्मक सोच नहीं हैं कृतज्ञता ध्यान या मेंटल अभ्यास भी नहीं है कृतज्ञता आकषर्ण का नियम वाला सीक्रेट भी नहीं हैं |

कृतज्ञता के ऊपर पुख़्ता न्यूरो साइंस रिसर्च हैं |इसको दो भागो में बिभाजित करते हैं|

दुनिया में बहुत कुछ अच्छा और सुन्दर हैं जो जिन्दगी को सुलभ,सुन्दर और आसान बना रहा हैं यह कृतज्ञता हैं और दूसरा यह महसूस करना कि हमारे आस पास बहुत कुछ अच्छा हमको यह सब बिना मांगे मिला हैं इस बात की पहचान कृतज्ञता हैं |

कृतज्ञता हमारा नजरिया हैं हमारी चॉइस हैं इसे आप मैडिटेशन से अभ्यास कर सकते हैं पुराने दुःख को विवेक पूर्ण निर्णय लेने की क्षमता में बदल देंगा |उलझन को स्पष्टता में बदल देंगा | कृतज्ञता हमारे जीवन में, हर कमी को समृधि में बदल देंगा, और सपनो को ठीक से देखने की क्षमता में बदल देंगा |

ख़ुशी की तलाश में हम मुख्य रूप से बाहरी लोगों को देख रहे हैं और मानते हैं कि हमारी ख़ुशी उन पर निर्भर करती हैं | लेकिन वास्तव में , यह केवल तभी होता हैं जब हम अपने मस्तिष्क को अलग तरह से नया स्वरुप देते हैं और फिर से तार तार करते हैं तो वह ख़ुशी ज्यादातर समय हमें घेरने लगती हैं |

इससे पहले कि हम ख़ुशी जीवन का निर्माण शुरू करें |

3

कृतज्ञता का हमारे जीवन में महत्व

यह आपकी सेहत को ठीक कर सकती हैं , आपके रिश्तों में निखार ला सकती हैं |आपको बहुत सारी सफलता दिला सकती हैं और आपका हृदय हमेशा कृतज्ञता की भाव से भर देती हैं | जब जब आप कृतज्ञ होते हैं तब तब आपका ध्यान जीवन की सकारात्मक चीजों पर ही होता हैं | यह हमें विज्ञान ने सिखायाहैं लेकिन अगर हाँ उसी बर्तन को किसी चीज से भर दे तो उसमें से हवा निकल जाती हैं बिल्कुल उसी तरह हमारा खाली मन शैतानी और नकारात्मक विचारों से भरा हुआ होता हैं | अगर हम उसे कृतज्ञता की भावना से भर देंगेतो नकारात्मक विचार अपने आप अपनी जगह छोड़ देती हैं |

एक आदमी बिलकुल मरणासन्न अवस्था मे पड़ा हुआ था |एक साधु को दिखाईदिया |साधु अपने आश्रम की तरफ जा रहे थे |उन्होंने उस आदमी को उठालिया और अपने आश्रम ले आये |उसे पानी पिलाया और खाना भी खिलाया|उसका इलाज भी करवाया |4 से 5 दिन में उसकी आदमी की सेहत मैं सुधारआया |वह ठीक हो रहा था तो साधु ने ऐसे होने का कारण पूछा तो वो आदमी कारण पूछते , ही फूट फूट कर रोने लगा और कहने लगा कि ईश्वर ने मुझे बहुत ही खराब जिन्दगी दी हैं न जाने किस जन्म के पाप की सजा दे रहे हैं |मैंने ऐसा क्या बुरा किया जो

ईश्वर ने मुझे इसके लिए चुना| मैं मर जाना चाहता था लेकिन आप मुझे यहाँ लेकर आए | आपने मुझे क्यों बचाया ? मैं ऐसी जिन्दगी जीना नहीं चाहता |

अब साधु ने कहा ,ईश्वर ने तो तुम्हें एक बेहतर जिन्दगी दी थी जिसमें तुम्हे अपने हाथों से रंग भरने थे | अब जब तुम खुशियों के रंग भरने की बजाए दुखों के रंग भरते जाओगे तो इसमें ईश्वर इसमें क्या कर सकते हैं | तुमने अपनी जिन्दगी के लाखों सकारात्मक चीजों की छोड़कर नकारामक चीजों पर अपनी उर्जा लगाई तो तुम्हारे जीवन मैं वही नकारात्मक चीजें ही आएंगी और तुम्हें उन्हें स्वीकार करना ही होगा |तुम्हारे जीवन के दुखो के चक्रों को तोड़ना सिर्फ

और सिर्फ तुम्हारें हाथ में हैं और इसको कृतज्ञता की मदद से कर सकते हो |उस आदमी को अपनी गलती का अहसास हुआ |उसने साधु से वादा किया किवो का ही भी नकारात्मक चीजों पर ध्यान नहीं देंगा और जिन्दगी में गलत भी हो जाए तो उसमे भी कुछ अच्छा ही जरुर खोजूंगा |क्यों कि वह जब शिकायत करता था तो अपने मन को नेगेटिविटी से भरता था और साधु

से बात करने के बाद उसे इस बात का एहसास हुआ कि वो कितना गलत कर रहा था | उसे यह बात समझ आई कि शिकायत एक ऐसा जहर हैं जो सब कुछतबाह कर सकता हैं और कृतज्ञता एक ऐसी दवा हैं जो किसी ला इलाज बीमारी को ठीक कर सकता हैं | चाहे वो मानसिक हो या शारीरिक |जब हम अपनी भावनाओं को बदलते हैं तो हमारी सोच अपने आप बदल जाती हैं और जब सोच बदल जाती है तो जिन्दगी बदलने में देर नहीं लगती |

कृतगता की भावना नकारात्मक विचारों को सकारात्मक विचारों में बदल देती हैं और यही इस आदमी के साथ हुआ | उसका मन कृतज्ञता की भावना से भरने के कारण उसके जीवन की सारी समस्या नष्ट हो गयी |

जिस तरह अन्धकार को एक सिर्फ एक छोटी सी रौशनी भेद सकती हैं उसी तरह कृतज्ञता की भावना आपके दुखों को नष्ट कर देती हैं | जीवन को आसन बनाना आपके हाथ में हैं और फिर भी कोई बड़ी

मुश्किल आ भी जाती हैं तो यह मुझे मजबूत बनाने के लिए ही आई | ऐसा सोचते हुए मुश्किल का सामना करना चाहिए | क्यों कि कई बार ईश्वर जानबूझकर हमारी परिस्थिति नहीं बदलते क्यों कि उन्हें हमे और हमारी मनोस्थिति को ही बदलना होता हैं |

4

कृतज्ञता के बारे में कुछ महान लोगों के कथन

इससे पहले कि मैं बिस्तर से उठूँ ,मैं घन्यवाद कह रहा हूँ |मुझे पता हैं कि आभारी होना कितना महत्वपूर्ण हैं|

(अल्जर्रेऔ)

छोटी छोटी चीजों का आनंद लें , एक दिन के लिए पीछे मुड़ कर देख सकते है और महसूस कर सकते हैं कि वे बड़ी चीजें थी |

(रोबर्ट बरौल)

धन्यवाद देने से ज्यादा जरुरी कोई कर्तव्य नहीं हैं |

(जेम्स एलन)

आनंद कृतज्ञता का सबसे सरल रूप हैं |

(*कार्ल बर्थ*)

यदि आप अपने जीवन को बदलना चाहते हैं ,तो कृतज्ञता का प्रयास करें |यह आपके जीवन को शक्तिशाली रूप से बदल देगा |

(*गेराल्ड गुड*)

प्रशंसा और प्रोत्साहन किसी व्यक्ति में अच्छाई विकसित करने का तरीका हैं|

(*नओमी विल्लिअम्स*)

अपनी आखें खुली रखे और कम्पनी के लोगों को कुछ सही करते हुए देखे और फिर इसके लिए उनकी प्रशंशा करें |

(*टॉम होपकिंस*)

आज का दिन दुनिया का सबसे अच्छा दिन है,मैंने ऐसा दिन पहले कभी नहीं देखा |

(*माया अन्गेलोऊ*)

੭੭

5

कृतज्ञता कैसे कार्य करता हैं ?

जब आप धन्यवाद देते हैं तो आपकी तरंग (वाइब्रेशन) और आवृति (फ्रीक्वेंसी) पूरी तरह बदल जाती हैं | जब हम कृतज्ञ होते हैं तो हमारी तरफ से ब्रह्माण्ड में से सन्देश आता हैं कि सब कुछ बढ़िया चल रहा हैं और ब्रह्माण्ड से और भी बढ़िया तरंग आपको भेजे जाते हैं |

कृतज्ञता की शक्ति आपके जीवन की दुआ (ब्लेस्सिंग) को पहचानने में मदद करती हैं और आपके फोकस को तीव्र करने में आपकी सहायता करती है|यह आपके अर्थहीन जीवन को अर्थ देती हैं | यह हमें डिप्रेशन से बाहर निकाल सकती हैं और मानसिक और शारीरिक रूप से शक्तिशाली बनाती हैं |जीवन की रुकाबटो का सामना करने की शक्ति देता हैं |कृतज्ञता हमारी जिन्दगी को हमेशा के लिए बदल देती हैं |

जब हम कृतज्ञता से भरपूर होते हैं तो इसका ,हमारे शरीर पर बहुर ही शानदार पभाव होता हैं| यह हमारी प्रतिरक्षा क्षमता को मजबूत करती हैं |

आप सोच भी नहीं सकते ऐसे चमत्कार आपके साथ होते हैं जब आप कृतज्ञ होते हैं| आप जिस चीज के बारे में सोचेंगे वो आपके पास खुद चल कर आयगी अगर आप जो आपके पास हैं और जो आप पाना चाहते हैं इन दोनों के लिए कृतज्ञ रहेंगे |

हमारे पास सब कुछ होते हुए भी स्ट्रेस ,इगो इसके पीछे पड़े हैं इसकी वजह से हमारे जीवन में बहुत बड़ा असर होता हैं कभी आप डिप्रेशन के शिकार हो जाते हैं तो कभी भीड़ में होते हुए भी अकेलापन महसूस करते हैं |हमे अपने आप से प्यार करना सीखना होगा न कि ऐसा नकारात्मक सोचना ,कि वो हमसे कितना बेहतर हैं|हमारा जीवन कितना खराब हैं ,वो कितना अच्छा दिखता हैं |जब तक हम नकारात्मक सोचेंगे तब तक नकारात्मक होगा |

नकारात्मक –आकर्षण =नकारात्मक

जो हमारे जीवन को नकारात्मक बनाती हैं इसलिए हमें कृतज्ञता को महसूस करना सीखना हैं यह आपके जीवन को विल्कुल बदल देंगा |आपको अपने जीवन के प्रति कृतज्ञ होना हैं जैसे –हे भगवान् आपने मुझे इतनी चीजे दी हैं उसके लिए धन्यवाद हूँ आभारी हूँ | हमेशा अच्छा महसूस करना हैं | हमेशा सकारात्मक सोचना हैं |

हमे ऐसे भी लोग देखने को मिलेंगे जिनके पास सब कुछ हैं पैसा ,गाड़ी ,अच्छा शरीर , फिर भी परेशान रहते हैं |हमे भगवान् ने दो हाथ, दो पैर ,दो कान ,एक नाक ,एक मुहं ,फिर भी हम डिप्रेशन में रहते हैं और अकेलापन महसूस करते हैं ऐसा भी हम सोच सकते है कि कुछ लोगों के पास सब कुछ हैं इसलिए भगवान् ने जो कुछ हमें दिया हैं उससे खुश रहना होगा |अपने अच्छे संस्करण पर कार्य करो |दो साल अपने ऊपर कार्य करो सफलता जरुर मिलेंगी |

6

लक्ष्य कैसे बनाए ?

अगर हम चीजो पर लक्ष्य करने लगे जो आज हमारे पास हैं या फिर वो चीजे जो हमारे पास नहीं हैं ,उन चीजो पर लक्ष्य करने लगे तो यकींन मानना वो चीजे हमारे पास बहुत जल्द आ जाएगी और वो चीजे बहुत तेजी के साथ बढ़ने लगेगी |

इसलिए आप अपने मुशिकल पर ध्यान ना देकर आप उन चीजो पर ध्यान देना चाहिए जो हमारे पास हैं या फिर जिसे पाना चाहते हो |

मुशिकल से ज्यादा आपको अपने समाधान पर लक्ष्य करना चाहिए और आप देखते हैं ,कि आपकी जिन्दगी किस तरह से बदल जाएगी | और आपको पता भी नहीं चलेगा |

7

कृतज्ञता को कैसे समझे ?

हम जिस तरह का माहोल बनाएंगे उसी प्रकार चीजों को आकर्षित करेंगे |हम जिसके साथ ज्यादा रहते हैं या जिसके साथ ज्यादा समय खर्च करते हैं उसी के जैसा बन जाते है |

अपनी जिन्दगी को बदलना सीखो |अगर हमारी जिन्दगी में कुछ मुशिकल हैं तो कुछ करना हैं इस तरह से बैठे बैठे सोचने से मुशिकल और ज्यादा बढ़ेगी और उसका कोई हल भी नहीं निकलेगा |हम अपने सुख या दुःख के जिम्मेदार खूद हैं |अगर हमारी जिन्दगी में मुशिकल हैं तो कहीं ना कहीं उसके लिए भी आप ही जिम्मेदार हैं और अगर हमारी जिन्दगी मैं ख़ुशी हैं ,सुख हैं तो हमने ही कुछ अच्छा काम किया होगा |अगर आप की जिन्दगी में मुशिकल हैं तो किसी को ब्लेम मत करो |हल खोजों, और आगे वो चीज छुटी हैं, वो पाने के लिए आगे बढ़ो |

8

कृतज्ञता कैसे व्यक्त करते हैं?

अगर आप रोज अफरमेशन कृतज्ञता के लिए कोशिश करते हैं आप उस चमत्कार पूर्ण जीवन का अनुभव लेंगें जो आपने कभी स्वप्न में नहीं नहीं सोचा होगा | यह सच हैं और इस जादुई दुनियां का अनुभव लाखों लोग ले रहे हैं |

वो हर व्यक्ति जिसने जीवन में मिलें वरदानो के प्रति कृतज्ञता व्यक्त की हैं वो सब लोग एक खुशहाल और सफलतापूर्वक जीवन जी रहे हैं |उन्हें ईश्वर से ,बहुत मात्रा में मिला हैं, मिल रहा हैं और आगे भी मिलता रहेगा |

सफल लोगों के जीवन का एक महत्व पूर्ण रहस्य हैं और वो है कृतज्ञता |उनके जीवन का हर एक, कृतज्ञता से भरा हुआ हैं |उनके जीवन का एकमात्र उद्देश्य कृतज्ञता व्यक्त करना होता हैं |विश्व की एक सर्वेश्रेठ शक्ति आपके साथ हैं और वो आपको बेहतरीन जीवन देना चाहती हैं , कृतज्ञता एक सर्वोच्च भावना हैं |

प्यार प्रशंसा और कृतज्ञता आपके के हृदय में हैं, तो आप एक ऐसे व्यक्ति हैं जिस पर ईश्वर की कृपा हमेशा के लिए रहेंगी |ब्रह्माण्ड की शक्तियाँ आप पर फ़िदा होंगी |

9

प्रेरक बातें

हम सब अपनी जिन्दगी मैं शान्ति , ख़ुशी , सफलता को चाहते हैं , लेकिन आप क्या लक्ष्य इन चीजों पर कर रहे हैं| आपका लक्ष्य तो कई ओर होता हैं पड़ोस वाली ने ना केवल, गाड़ी ली हैं , वो दिखने मैं भी अच्छी हैं , मैं यह नहीं कर सकता ,वो नहीं कर सकता हूँ|इन सब चीजो पर आप ज्यादा ध्यान देते हैं | इसलिए यह सब चीजे हमारे पास नहीं रहती , याद रखना आप चीज पर लक्ष्य करेंगे वो चीज बढेगी |अगर आपको जाबं चाहिए ,और अगर हमारे पास जाबं नहीं हैं तो तो हम उस चीज के धन्यवाद रहें |उस चीज के लिए धन्यवाद रहें, और वो चीज हमारे पास आ जाएंगी |भले ही वो चीज छोटी क्यों ना हो ?

10

कृतज्ञता को कैसे अपनाए ?

हमारा अवचेतन मन हो या फिर ना नहीं समझता |वो शब्दों को समझता हैं और शब्दों का चित्र बनाता हैं और अगर उसे पूरी शिद्दत से चाहे , तो उसे साकार करता हैं |एक उदाहरण से बताते हैं ,हमारा अवचेतन मन हाँ या ना नहीं समझता| न हम चाहते हैं कि सब कुछ अच्छा हैं लेकिन लक्ष्य आप केवल अपने मुशिकल पर करते हैं और कृतज्ञता इसी चीज का हल हैं |

हम एक चीज को एक दिन में सीख नहीं सकते इसके लिए हमें रोज कोशिश करनी होगी |इसलिए हमको कोई भी चीज चाहिए या हम किसी भी चीज को अपनाना चाहते हैं तो आपको कोशिश शुरू करनी चाहिए |रोज सुबह उठते ही धन्यवाद रहे उस चीज के लिए ,धन्यवाद बोलो |जिस बिस्तर पर आप सोये थे,उसके लिए धन्यवाद |हमे अपने मोबाइल उठा कर उन लोगो को धन्यवाद बोले जिन्होनें आपकी जिन्दगी में 1% भी योगदान दिया हो ,या जिसने मदद की हो|

सब के लिए धन्यबाद रहों |अगर आपको किसी ने गिफ्ट दिया हो उसको एक अलग ही अंदाज में धन्यवाद कहें |उन के लिए भी धन्यवाद रहें जो हमारी जिन्दगी में हैं |

11

कृतज्ञता की एक लिस्ट बनाए

हमारा अवचेतन मन हो या फिर ना नहीं समझता |वो शब्दों को समझता हैं और शब्दों का चित्र बनाता हैं और अगर उसे पूरी शिद्दत से चाहे , तो उसे साकार करता हैं |एक उदाहरण से बताते हैं ,हमारा अवचेतन मन हाँ या ना नहीं समझता| न हम चाहते हैं कि सब कुछ अच्छा हैं लेकिन लक्ष्य आप केवल अपने मुशिकल पर करते हैं और कृतज्ञता इसी चीज का हल हैं |

हम एक चीज को एक दिन में सीख नहीं सकते इसके लिए हमें रोज कोशिश करनी होगी |इसलिए हमको कोई भी चीज चाहिए या हम किसी भी चीज को अपनाना चाहते हैं तो आपको कोशिश शुरू करनी चाहिए |रोज सुबह उठते ही धन्यवाद रहे उस चीज के लिए ,धन्यवाद बोलो |जिस बिस्तर पर आप सोये थे,उसके लिए धन्यवाद |हमे अपने मोबाइल उठा कर उन लोगो को धन्यवाद बोले जिन्होनें आपकी जिन्दगी में 1% भी योगदान दिया हो ,या जिसने मदद की हो|

सब के लिए धन्यबाद रहों |अगर आपको किसी ने गिफ्ट दिया हो उसको एक अलग ही अंदाज में धन्यवाद कहें |उन के लिए भी धन्यवाद रहें जो हमारी जिन्दगी में हैं |

12

कृतज्ञता प्रतिज्ञान स्वास्थ्य के लिए

1. मैं ऊर्जा श्रोत हूँ , यह ऊर्जा मुझे आप से ही मिली हैं | मैं इस ऊर्जा के लिए आपका आभारी हूँ |

2. ईश्वर ने मुझे इतना सुन्दर शरीर दिया हैं इस सुन्दर और मजबूत शरीर के लिए मैं आपका आभारी हूँ |

3. यह कुदरत मुझे जी भर के दे रही हैं इसके लिए मैं आपका आभारी हूँ |

4. मैं शक्ति स्वरूप हूँ | मैं प्रेम स्वरूप हूँ | मैं ऊर्जा स्वरूप हूँ |मैं ईश्वर की बहुत ही सुन्दर रचना हूँ |मैं ईश्वर का दिल से धन्यवाद करती/करता हूँ |

13

कृतज्ञता प्रतिज्ञान अच्छे जीवन के लिए (अफ्फ़र मेशन)

1. मेरे जीवन की एक नए दिन के लिए , एक नयी सुबह के लिए म आपका आभारी हूँ |

2. मुझे बहुत सुन्दर जीवन मिला हैं मैं सुन्दर जीवन के लिए मैं आभारी हूँ |

3. हे ईश्वर आपने मुझे इस जीवन में बहुत ही सुख शान्ति दी हैं मैं इस सुखं और शान्ति के लिए आभारी हूँ |

4. मेरा यह जीवन विपुलता से भरा हुआ हैं इसलिए मैं ईश्वर को धन्यवाद देता /देती हूँ |

5. मेरे जीवन की सारे अच्छे और बुरे अनुभवों के लिए मैं आभारी हूँ क्यों कि इस अनुभर्वों से मेरा आत्मविश्वास , मेरी क्षमता बढ़ी |

6. मैं और मेरे परिवार वालों के जीवन के सूत्र हैं ईश्वर आपने अपने हाथों में लिए हैं, हमेशा मेरे और मेरे परिवार के साथ रहते हैं , हमारा सरक्षण करते हैं इसलिए में धन्यवाद करता हूँ /करती हूँ |

14

कृतज्ञता प्रतिज्ञान धन के लिए

1. ईश्वर ने मुझे भरपूर धन और दौलत दी हैं जिससे मेरा जीवन समृध्द हो चूका हैं |उसके लिए मैं ईश्वर का आभारी हूँ |

2. मैं आभारी हूँ इस ईश्वर का जिन्होंने मुझे इतनी धन दौलत से पूर्ण कर दिया हैं |

3. मेरे जीवन में मुद्रा की गति (सर्कुलेशन) लगातार चल रहा हैं मैं ईश्वर को धन्यवाद देता /देती हूँ |

4. मेरे पास जीवन की सारी सुख सुविधाए हैं जिसका मैं आनन्द ले रहा हूँ /ले रही हूँ |

5. मैं इतने सुन्दर घर में रह रहा हूँ /रह रही हूँ उस के लिए मैं आभारी हूँ |

6. मुझे बहुत ही सुन्दर नौकरी मिली हैं जिसकी वजह से मेरी सारी जरूरते पूरी हो रही हैं |उस नौकरी के लिए मैं आभारी हूँ |

7. मेरा व्यापार बढ़ रहा हैं मेरी नेट वर्थ बढ़ रही हैं , मेरी टीम मन लगाकर मेहनत कर रही हैं मेरी टीम मुझे नयी आइडियाज देती हैं | मैं ईश्वर को धन्यवाद देता / देती हूँ |

15

कृतज्ञता
प्रतिज्ञान (अफरमेशन)
परिवार के लिए

1. हे ईश्वर मुझे इतना प्यारा परिवार दिया हैं इसलिए मैं आभारी हूँ |

2. मेरे परिवार के लोग मुझे प्यार करते हैं , मुझे सपोर्ट करते हैं | मैं उनका आभारी हूँ |

3. मुझे इतने प्यारे माता पिता मिले हैं , इतने अच्छे भाई बहन मिले हैं | मैं उनके लिए आभारी हूँ |क्यों कि उनकी वजह से मेरा जीवन परिपूर्ण हैं |

4. मेरे बच्चों का जीवन खुशियों से भरा हुआ हैं | मैं इस खुशियों के लिए आभारी हूँ |

5. मुझसे बहुत प्यार करने वाला/वाली ,मेरे भावनाओं को समझने वाला समझने वाली पति /पत्नी मिला/मिली हैं |मैं बहुत ही दिल से आभारी हूँ |

6. आज मैं जिन्दा हूँ और मेरा जीवन जिसके कारण अर्थ पूर्ण हैं वो सारे मेरे अपने लोग मेरे साथ हैं , मैं ईश्वर को धन्यवाद देता हूँ / देती हूँ |

16

आकषर्ण का नियम (लो ऑफ़ अट्रैक्शन)

ब्रह्माण्ड का आकर्षित करने का एक मौलिक नियम हैं |जो लोगों के जीवन का मार्ग दर्शन करती हैं और सभी चीजों के पीछे अंतनिर्हित शक्ति हैं |हम वही बन जाते हैं ,जिसके बारे में सोचते हैं” यह गहन सत्य पूरे इतिहास में कई युगीन भाषाओं और संस्कृतियों में कहा गया हैं |”हमारा जीवन वह हैं जिसे विचार बनाते हैं“ यह विचार टी पर विकसित किया गया हैं और कई आध्यात्मिक सिध्दान्तो में एक केन्द्रीय सिध्दांत बन गया हैं| इसकी सच्चाई कई लोगों लोगों तक फ़ैल गई हैं |

अपने विचारों पर ध्यान दे , क्यों कि वह शब्द बन जाते हैं |कार्य से पहले अपने शब्दों पर ध्यान दें |अपने कार्यो पर नजर रखें | क्यों कि वो आदत बन जाते हैं|

अपनी आदतों पर ध्यान दे , क्यों कि वही आपका चरित्र बनाती हैं |अपने चरित्र पर ध्यान दें क्यों कि यही आपकी तकदीर बनाती हैं |

आकर्षण के नियम के सम्बन्ध में , हमारे पास महात्मा बुध्द की शिक्षाओं में कर्म के विचार के विस्तृत जानकारियाँ हैं यह हमें बताया

जाता हैं कि हमारे कार्यों में ही सब मौजूद हैं |हमारे अन्दर ही सब मौजूद हैं |

जब हम आकर्षण के नियम के बारे में सोचते हैं तो हम अक्सर उस व्यक्ति के बारे में सोचते हैं जो हमें सबसे अच्छा महसूस कराता हैं | आकर्षण का नियम अक्सर जिसे बनने के लिए हम उसका अनुकरण करण चाहते हैं|जिसके पास सभी सही गुण हैं , वह सुन्दर , बुध्दिमान या एक महान व्यक्तित्व रखने वाले हैं |उसके पास वह सब कुछ हैं जो हम अपने, आप में चाहते हैं |

आकर्षण एक बहुत ही शक्तिशाली उर्जा हैं और फिर भी इसकी अपार शक्ति के सन्दर्भ में अकसर हमें गलत समझा जाता हैं | ऐसा इसलिए क्यों कि हम अक्सर अपनी समझ को उस तरीके तक सीमित रखते है,

जिससे हम दुसरे लोगों को देखते हैं | हालाकि वैज्ञानिको का कहना है कि आकर्षण की शक्ति वास्तव में प्रकति में चार अन्त क्रियाओ में से एक हैं और लोगों के बीच सिर्फ शक्ति से कई आगे जाती हैं | आकर्षण प्रकति में एक शक्ति हैं जो बहुत दूर तक कार्य करती हैं| आकर्षण एक ऐसी चीज हैं जो ब्रह्माण्ड में हर चीज को प्रभावित करती हैं |और जब हम आकर्षण को सोचते हैं तो न्यूटन के नियम के बारे में बताया जाता हैं न्यूटन के गुरुत्वाकर्षण के नियम ने ब्रह्माण्ड में हर वस्तु को आकर्षित किया |

आप अपने जीवन में सकारात्मक और नकारात्मक चीजों को अपने विचारो से और कर्मों से अपनी ओर आकर्षित कर सकते हैं |यह सब कुछ आपके ऊर्जा पर आधारित हैं आप जिस तरह की उर्जा छोड़ेगे , वही आपके पास लोटेगी |अगर किसी चीज कोदिल से चाहो तो सारी कायनात उसे तुम से मिलाने में लग जाती हैं |इसी को आकषर्ण का नियम कहते हैं |

यह एक यूनिवर्सल ट्रूथ हैं ,यानि आप अपने सोचने के दम पर जो चाहे बन सकते हैं ,

और ये कोई नई खोज नहीं हैं भगवान् बुध्द ने कहा हैं " हम जो भी कुछ हैं वो हमने

आज तक क्या सोचा इस बात का परिणाम हैं |"

स्वामी विवेकानन्द ने भी यही बात इन शब्दों में कहीं हैं " हम वो हैं जो हमें हमारी सोच ने बनाया हैं , इसलिए इस बात का ध्यान रखिये कि आप क्या सोचते हैं , विचार करते हैं ,वे दूर तक यात्रा करते हैं |

यह जादू नहीं हैं ,यह आकर्षण और क्रिया हैं |

आपके जीवन के कई अन्य पहलुओ की तरह , अआपके अपने तब तक काम नहीं करते जब तक आप ऐसा नहीं करते | जीवन के प्रति सकारात्मकत दृष्टि कोण रखना एक बात हैं लेकिन यह बात नहीं हैं जो आपको स्थान देता हैं | और यही आकर्षण का नियम नहीं हैं |

यह कार्य योजना और सकारात्मकता सोच के सयोजन के बारे में हैं | आपके द्वारा अभी अपने आप में किए गए निरंतर प्रयास भविष्य में आपको लाभ देंगें और एक दिन आप स्वयं देखेंगे कि आपके सकारात्मक और काम से भर व्यवहार में आपको क्या आकर्षित किया हैं |

केवल आशावादी होने पर ही इसका प्रतिफल (बेनिफिट) मिलेगा |कुछ लोग एक तरह की चमत्कारी सोच में पड़ जाते हैं|लेकिन सच बात तो यह हैं कि अनुशासन और क्लियर उद्देश्य ही हमें पुरुस्कार करते हैं |

यह तभी काम करता हैं जब आप थोड़े पसीने और कड़ी मेहनत के साथ अपने दिमाक का अनुसरण करते हैं |

सकारात्मकता सोचना लेकिन अपने कार्यो को टालने से हम कही नहीं पहुंचेंगे | लेकिन आप को पता हैं कि एक सकारात्मक दृष्टिकोण हमें अपने लक्ष्यों तक पहुंचने के लिए प्रेरित करता हैं | सही रवैया हमारे व्यवहार में बदलाव लाता हैं |बिना प्रेरणा के हम बहुत कुछ हासिल नहीं कर पाएंगे |

एक आशावादी मानसिकता एक विश्वास हैं कि किसी समस्या या चुनौती को हल करने का कोई समाधान या तरीका हैं |यह कार्य के साथ आशा हैं |

৩৩

17

कैसे आप इसका प्रयोग कर सकते हैं ?

आप अपने जीवन में सकारात्मक और नाकारात्मक चीजों को अपने विचारों अपने कर्मों से अपनी ओर आकर्षित कर सकते हैं |यह इस सिध्दांत पर आधारित हैं कि सब कुछ ऊर्जा पर हैं इसलिए जिस प्रकार की उर्जा आप बाहर छोड़ेंगे ,वही आप के पास लौट के आएंगी |अगर आप ब्रह्माण्ड को अपनी इच्छा बताने के लिए आकर्षण का नियम इस्तेमाल करने के लिए तैयार हैं तब सकारात्मक माइंडसेट से शुरू करें उसके बाद अपने लक्ष्यों को ध्यान में रख कर कार्य करें |और असफलताओं का सामना कृतज्ञता से करें |

आप अपने जीवन में क्या चाहते हैं उसमें ध्यान केन्द्रित करें |आप अपने टूटे हुए घर के बारे में नहीं सोचिए, बल्कि कल्पना करें कि आप के पास एक आलिशान घर हैं और घर के सभी लोग बहुर ही आराम पूर्वक उस घर में रह रहे हैं | जो चीज आप अपने जीवन में लाना चाहते हैं उस पर ध्यान केन्द्रित करेंगे न कि जिस चीज को आप हटाना चाहते हैं यह सन्देश ब्रह्माण्ड में जाता हैं |

अगर आप सोचते हैं कही आज आपके साथ कोई दुर्घटना न हो जाए, आपका लगातार यही सोचना उस दुर्घटना को आकर्षित करता है , इसलिए ही कहा जाता हैं कि आपको हमेशा सकारात्मक सोचना चाहिए , क्यों कि आपके विचार ही आपकी आगामी वास्तविकता हैं | व्यक्ति परक वास्तविकता एक विश्वास प्रणाली हैं जिसमे सिर्फ एक चेतना हैं |

आप ही वो चेतन शक्ति हैं | हर एक चीज , हर एक व्यक्ति , जो वास्तविकता में हैं वो आप ही की सोच का परिणाम हैं | शायद आपको आसानी से दिखाई न दे पर व्यक्तिपरक वास्तविकता आकर्षण के नियम सभी मुश्किल सवाल का बड़ी सफाई से उत्तर देती हैं |

व्यक्तिपरक में केवल एक चेतना होती हैं आपकी सचेतन, इसलिए पुरे ब्रह्माण्ड में सोच का एक ही श्रोत होता हैं , आप भले ही वास्तविकता में तमाम लोगों को आते जाते , बात करते देखें , वो सभी आपकी चेतना के भीतर मौजूद होते हैं |

आप जानते है कि आपके सपने इसी तरह कार्य करते हैं , पर आप यह नहीं समझते हैं कि आपकी काम जाग्रत वास्तविकता, एक तरह का सपना ही है, वो इसलिए आपको सच लगता हैं क्यों कि आप विश्वास करते हैं कि वो सच हैं |

कोई भी जिससे आप मिलते हैं वो आपके सपने का हिस्सा है, आप के इलावा किसी और का कोई सोच नहीं हो सकता सिर्फ आप ही की सोच हैं| पुरे ब्रह्माण्ड में आप अकेले सोचने वाले व्यक्ति हैं |

यह जरुरी नहीं हैं कि व्यक्ति परक वास्त विकता में आप को अच्छे से निर्दिष्ट किया(डिफाइन) किया जाए | "आप"आपका शरीर नहीं हैं ,"आप" आपका अहम नहीं हैं ,मैं यह नहीं कह रही हूँ कि आप एक सचेतन शरीर हैं जो अचेतन मशीनो के बीच घूम रहे हैं , यह तो व्यक्ति परक वास्तविकता की समझ के बिलकुल विपरीत हैं ,सही माने में यह हैं कि आप एक अकेली चेतना हैं जिसमें सारी वास्तविकता घट रही हैं |

कल्पना कीजिए कि आप कोई सपना देख रहे हैं , उस सपने में आप वास्तव में क्या हैं? क्या आप वही हैं . जो आप खुद को सपने में देख रहे हैं? नहीं, बिलकुल नहीं ,वो तो आपके सपने का द्रष्टा हैं , आप तो सपना देखने वाला व्यक्ति हैं, पूरा सपना आपकी चेतना में होता हैं , अपने के

सारे किरदार आपकी सोच का परिणाम हैं ,साथ में आपका खुद का द्रष्टा , दरअसल ,यदि आप वास्तविक सपना लेना सीख ले तो आप अपने सपने में ही अपने द्रष्टा बन सकते हैं | वास्तविक सपने में आप वो हर एक चीज कर सकते हैं जिसको कर सकने में आपका यकीन हैं |

भौतिक वास्तविकता ,इसी तरह से कार्य करती हैं , यह ब्रह्माण्ड आप के सपने के ब्रह्माण्ड की तुलना में कई गुना हैं , इसलिए यह बदलाव धीरे -धीरे होता हैं , पर यह वास्तव में आपके विचारों के अनुरूप होती हैं , ठीक वैसे ही जैसे आपके सपने ,आप के सोच के अनुरूप होते हैं |"आप“ वो स्वपन देखने हैं जिसके स्वप्न में यह सब घटित हो रहा हैं , कहने का मतलब हैं कि ,यह एक भ्रम है कि और लोगों की सोच हैं कि , वो तो बस आपकी सोच का परिणाम हैं |

वास्तव में यदि आप बहुत सख्त विश्वास करते हैं कि औरों के सोच है, तो आप अपने लिए ऐसा ही सपना देखेंगे , ;पर वो वास्तव में भ्रम हैं |

अपने यथार्थ में अकेले मांगकर्ता होना आपके कंधे पर एक भारी जिम्म्मेदारी डालती हैं | आप यह सोच कर दुनिया अनिश्रित अनुचित हैं आदि, अपनी वास्तविकता का नियंत्रण छोड़ सकते हैं, पर आप अपनी जिम्म्मेदारी नहीं छोड़ सकते हैं |

आप इस दुनिया के एक मात्र रचियता हैं, यदि आप गरीबी , बीमारी , लड़ाई आदि के बारे में सोचेंगे तो आपको यही देखने को मिलेगा | यदि आप शांति , प्रेम , ख़ुशी बारे में सोचेंगे तो आपको यह हकीकत में होते हुए दिखेगा |आप जब भी किसी चीज के बारे में सोचते हैं , तो असल में उस सोच को वास्तविकता में प्रकट होने का आह्वान करते हैं |

हर एक सोच एक सच्चाई हैं , तो आप जैसे भी उनके बारे में सोचेंगे यथार्थ में उनके साथ वैसा ही होंगा |यह ध्यान में रखिये कि विश्वास अधिक्रमिक हैं , इसलिए आपका यह विश्वास की वास्तविकता अनिश्रित हैं ,अनियंत्रित हैं, ज्यादा शशक्त हैं तो यह आपकी अन्य विश्वास ,जिसमें आप को कम यकिन हैं , वो दबा देगी , आपके सभी विचारों का संग्रह यह तय करता हैं कि आपको हकीकत में क्या दिखाई देगा |

यदि आप दुनिया में शांति देखना चाहते हैं तो अपनी वास्तविकता में हर एक चीज के लिए शांति के बारे में सोचिए , यदि आप प्यारा सम्बन्ध का आनन्द लेना चाहते है तो सभी के साथ प्यारे सम्बन्ध बनाए | यदि आप सिर्फ अपने लिए ही इरादा रखते हैं , दूसरो के लिए नहीं हैं तो इसका मतलब हैं कि आप पृथकरण का इरादा कर रहे हैं ,और फलस्वरूप आपको वही मिलेगा |

क्या होता हैं जब लोगों की उद्देश्य टकराव का हैं , जैसे कि दो लोग एक ही प्रमोशन के बारे में सोचते हैं, जबकि एक ही जगह खाली हैं?क्यों कि आप अकेले ही ऐसे व्यक्ति हैं जिसकी सोच हैं ,यह महज एक आंतरिक टकराव हैं|

आप अपने भीतर के मन मे खुद उस इरादे को जन्म दे रहे हैं, दोनों व्यक्ति एक ही पोजीशन चाहते हैं लेकिन आप यह भी सोच रहे हैं कि एक ही व्यक्ति को यह पोजीशन मिल सकती हैं | यदि आप कम्पटीशन का इरादा कर रहे हैं ,कि यह पूरी परिस्थिति आप ही की बनाई हुई हैं | आप कम्पटीशन में विश्वास करते हैं , इसलिए आपके जीवन में वही घटता हैं |

शायद आपकी पहले से ही कुछ विश्वास हैं कि किसको प्रमोशन मिलेगी , ऐसे में आपको उम्मीद हकीकत बनेगी , पर शायद आप की यह विश्वास हो कि जीवन अनुचित हैं , तो ऐसे में आपको कोई सरप्राइज मिल सकता हैं, क्यों कि आप वही इरादा कर रहे हैं |

सकारात्मक सोच बेहतर शारीरिक स्वास्थ्य , लम्बे जीवन और यहाँ तक कि हृदय रोग के कम जोखिम से जुडी हैं | शोधों से पता चलता हैं कि विकास की मानसिकता रखने से मानसिक स्वास्थ्य लाभ भी होता है| यह तनाव , चिंता , अवसाद के जोखिम को कम कर सकता हैं |

|

18

जीवन में लागू करने के लिए आकर्षण का नियम

1. जो आप सबसे अधिक सोचते हैं , उसे आकर्षित कर लेते हैं |

2. जो आप नहीं चाहते , उसके बारे में न सोचें |अतीत की घटनाओं पर रुके न रहे |

3. अगर आप सिर्फ खराब चीजो पर ध्यान लगाएंगे जो आपके साथ हुई हैं,या वो खराब चीजें जो आपके साथ हो सकती हैं तो आपके साथ वही होने लगेगा, जो आप नहीं चाहते | इससे आप बुरी परिस्थितियों को आकर्षित कर रहे हैं |

आकर्षण का नियम सिर्फ यह देखता हैं कि आप जिसके बारे में सोच रहे हैं आप उसके होने से डर रहे हैं |सिर्फ इसलिए कि आप किस चीज के बारे में सोच रहे हैं आकर्षक का नियम वो आपको देने लगता हैं |

1. आप जो महसूस करतेहैं,वैसा सोचते हैं |अगर आप अपनी बुरी भावना को अच्छी भावना में बदलना नहीं जानते है तो आकर्षण के नियम को लागू करना आप के लिए संभव नहीं होगा | अगर आप अच्छा महसूस कर रहे है तो आपके विचार भी अच्छे हो जाएंगे और आपके साथ अच्छी चीजे होगी अगर आप बुरा महसूस करेंगे तो आपके विचार भी बुरे हो जाएंगे और आप के साथ बुरा होगा |अगर आप अच्छी और सकारात्मक भावनाओ को महसूस कर रहे हैं और आपके साथ कुछ गलत हो जाता है नं तो फिर कोई आप अपनी भावनाओ को नियंत्रित कर पाएंगें ,और उस ख़राब चीज को होने नहीं देंगे | कोई आपको इसका जबाब नहीं दे सकता कि आप अपनी भावनाओं को कैसे प्रभावित करके उन्हें सकारात्मक रख सकते हैं | इसका पता आपको अपने आप लगाना होगा |

1. दूसरोंसे क्या चाहते हैं, इस बारे में बात करें|आप दूसरों से क्या चाहतें हैं , इस बारे में बात करना शुरू करें|दूसरों को अपने सपनों, अपनी इच्छाओ और चाहतो में शामिल करें|

3. इस तरह से बात करे कि जो आप चाहते हैं कि वो आपका होने ही वाला हैं , या आपके अनुभव का एक हिस्सा हैं |

4. "मैं" को याद रखें |यह अभिव्यक्ति का बहुत ही शक्तिशाली तरीका हैं | अपनी कहीं बातों पर हमेशा जोर दें | आप जो चाहते हैं वो कहें , यह न कहें कि आप उसे किस वजह से नहीं पा सकते |अगर आपकी इच्छाए स्पष्ट होगी तभी वो पूरी होने की दिशा में, आगे बढ़ पाएंगी |

5. जो आप चाहते हैं उसकी ओर कदम बढ़ाए |अगर आप अपने लिए बेहतर नौकरी चाहते हैं तो इस चाहत को केवल अपने मन तक ही सीमित न रखे | पूरी दुनिया को जान लेने दे कि आप क्या चाहते हैं |सक्रिय रूप से अपनी चाहत के लिए कोशिश करना शुरू कर दे | संपर्क बनाए |उन्हें बताए कि आपको नई नौकरी की तलाश हैं | अपने

मित्रों और परिवार को पता लगने दे, आप क्या कर रहे हैं जो आप चाहते हैं ,वो तभी होगा जब आप अपनी बात पर बने रहेंगे|

19
सोच का नियम

इतिहास में आकर्षण के नियमों का उल्लेख बहुत जगह देखने को मिला हैं इसके बारे में काफी

पता चला हैं और जिन्होंने हमें कई रूप में कई सन्देश पहुचाने की कोशिश की हैं, दुनिया की सबसे बड़ी शक्तिया जो मौजूद हैं, पृथ्वी पर, हमारे उपयोग के लिए , उनमें से एक आकर्षण का नियम हैं , और यह हमे इतिहास के बहुत बड़ें बड़ें लोगों के बारे में बताया हैं जैसे :

गौतम बुध्दा

स्वामी विवेकानंद

अल्बर्ट आइंस्टीन

न्यूव्टोन

एमर्सन

और बहुत से नाम हैं , इन सबने अपने अपने ढंग से, अपने अपने कार्य से हमे सन्देश दिए और आकर्षण के नियम के बारे में बताया |

अच्छा या बुरा, आप जो भी निर्णय लेते हैं अपनी जिन्दगी में , उसी से आपकी जिन्दगी बनती हैं|

20

कैसे अपने जीवन में इसका प्रयोग करें ?

आकर्षण के नियम को जीवन में कैसे प्रयोग में लाये ताकि इस नियम की मदद से हम अपने लक्ष्य को आसानी से पा सकते हैं , उसके लिए आपको यह समझना जरुरी हैं , साथ ही अपनी नकारात्मक बातों पर पाबंदी लगानी होगी | समझना सबसे पहला कदमआप पूरी तरह से समझ जाए की क्या किस तरह से संभव हैं, जिन्दगी जो हमारे अन्दर की एक सबसे बड़ी उर्जा हैं , उसके लिए क्या संभव हैं , जब आप यह समझ जाएंगे तो कुछ भी आकर्षित कर पाएंगे और अपनी जिन्दगी के रचयिता बन कर , अपनी जिन्दगी को अपनी मर्जी के मुताबिक़ चला भी पाएंगे , अपने भविष्य के खुद निर्माता हैं , बस आपको यही समझना काफी हैं |

1. सही लिखनासीखनाऔर पकडकेरखना बहुत ही जरुरी हैं |कैसे होगा, कितनाहोगा , कैसीतस्वीरबनेगी , क्या लिखाहोगा, क्या नहींहोगा, यह सबआपके हाथ में हैंक्यों कि जिन्दगीएक खुली किताबकी तरह नहींबल्किएक खाली किताबही हैं ,इच्छाए पूरीकरने वाली किताब,निर्भर यह नहींकरता हैं किजिन्दगी आपकोक्या क्या देती

हैं,क्या दिखाती हैंबल्कि निर्भर यहकरता हैं कि इस खुली किताब पर क्या क्या लिखते हैं|आप अपने प्लान को , अपने को ,अपनी चाहत को , इच्छा को, शिद्दत से पकड़ कर रख सकते हैं और क्या आप उसकी ,अपने मस्तिष्क की आँख में एक तस्वीर बना सकते हैं |

2. तस्वीर बनाना बहुत ही अहम हैं |आपको अपने मन में एक तस्वीर बनानी हैं, उस जिन्दगी की, जैसी जिन्दगी की आप कल्पना करते हैं ,जैसी जिन्दगी आप पाना चाहते हैं , अगर आप एक तस्वीर बनाने में असमर्थ हैं, तो कोशिश कीजिए , अगर फिर भी असमर्थ हैं, तो फिर से कोशिश कीजिए |और तब तक कोशिश कीजिए जब तक आपकी मन पसन्दिदिंदा तस्वीर तैयार नहीं हों जाती हैं | और अगर आप तस्वीर बनाने में कामयाब हो जाते हैं , परन्तु वह तस्वीर आपको पसंद नहीं आती , तो फ़ौरन बदले, बिना समय गवाए , उस तस्वीर को बदल दें|

21

योग निद्रा का अभ्यास

आराम पूर्वक लेट कर अपने आप को पूरी तरह से शांत कीजिए | तभी आप आकर्ण के नियम का लाभ उठा पाएंगे आपकी कल्पना शक्ति पूरी तरह से उच्चतम स्तर पर होगी , और उस वक्त आप जो चाहे वो आप अवश्य पा पाएंगे |आराम पूर्वक लेट जाइए |अपने शरीर को शिथिल छोड़ दें|आँखे बंद कर ले|आँखे खुली रहेगी तोध्यान भटकेगा|अपने ध्यान को अपने शरीर के अन्दर ले जाए |और खुद को बाहरी संसार से कुछ देर के लिए बिलकुल अलग कर ले |अपना सारा ध्यान अपनी सांसों में लगाए |सांसो के चलते महसूस करे अपने पेट को उपर नीचे होते हुए|कुछ बदलने की कोशिश नहीं करनी , आपको बस महसूस करना हैं |पेट में हवा भर रही हैं , पेट ऊपर आ रहा हैं , गहरी साँस लेते हुए |पेट से हवा निकल हैं पेट नीचे जा रहा हैं , साँस छोड़ते हुए |अपना पूरा ध्यान 3 से 4 मिनट तक अपने पेट पर लगाए रखें |अब आपका मन शांत होता जा रहा हैं| साँस अन्दर, पेट ऊपर ,साँस बाहर ,पेट अन्दर हर एक साँस के साथ आप अपने मन को शांत होता महसूस कर रहे हैं|अब आपका मन आपके हिसाब से कार्य कर रहा हैं |शरीर के निचले हिस्से को ढीला छोड़े अब

सारा ध्यान अपने दाहिने पैर की अंगुलिओ पर ले जाए।अपने दाहिने पैर की अंगुलियों को शान्त होता महसूस करें।दाहिने पैर की अंगुलियों को ढीला छोड़ कर वहाँ से तनाव को दूर करे।उंगुलियो से एनर्जी अन्दर प्रवेश करती हैं , और तनाव मुक्त होनें से आप खुद को अच्छा महसूस कर रहे हैं।आपके दायिने पैर की अंगुली ,तली , एडी पूरी तरह से विश्राम कर हो चुके हैं।अपना सारा ध्यान बाए पैर की उंगुलियों पर ले जाए।आपके बाए पैर की अंगुलियाँ ,एडी ,तली , घुटना , पंजा और अब पूरा पैर विश्राम में होता हुआ महसूस करे।अब अपनें ध्यान को अपने पीठ के पीछे और हिप्स की ओर ले जाएं।और सभी मांस पेशियों को ढीला छोड़े और विश्राम महसूस करे।शरीर के उपरी हिस्से को ढीला छोड़े।अब अपना दायां पैर पेट की ओर ले जाए।अपने पेट की मांस पेशियों को ढीला और विश्राम होता हुआ देखे।हर साँस के साथ पेट उपर नीचे , अन्दर बाहर हो रहा हैं।और इस से आपकी छाती पूरी तरह से विश्राम में हैं।आपके पीठ, कंधे , दोनों बाजू शांत होते जा रहे हैं।सारी परेशानियां , घबराहट ,तनाव , चिंताए बाहर निकल रही हैं।साँस बाहर छोड़ते ही सारी चिंताए, हाथ की अंगुलियों से बाहर निकल रही हैं।अब आपको अपनी साँस भीतर लेते हुए अजीब सी शांति का अनुभव कर रहे हैं।अब आपका मन बिलकुल शांत हैं।पूरी गर्दन और कंधे शांत हो चुके हैं।अब आप अपने मष्तिष्क , कान ,आँखें,नाक, होठ सब जगह शांति महसूस कर रहे हैं।और इसके साथ आप पूरी तरह से तनाव मुक्त हो रहे हैं।अब आप अपने शरीर के भीतर ध्यान करने को समझ चुके हैं,अब आप आसानी से अपने ध्यान को भीतर की ओर ले जाएंगे।3 से 4 मिनट अपने सांसो पर ध्यान दे , कुछ नही करना ,जिस शांत स्थिति में हैं , उसी शांत स्थिति में बस अपने प्रत्येक साँस को ध्यान पूर्वक लेना और छोड़ना हैं और इसके साथ ही आप निडर,साहसी,शक्तिशाली,आत्मविश्वासी , चुस्त अपने आपको महसूस कर पा रहे हैं।अब आप एक सकारात्मकउर्जा को आप महसूस कर रहे हैं ,जो कि हर साँस के साथ आपके अन्दर भरती जा रही हैं और साँस छोड़ते ही आपके अन्दर की सारी नकारात्मक उर्जा बाहर निकलती जा रही हैं , यह सकारात्मक उर्जा आपके सिर के ऊपरी हिस्से से क्राउन चक्र से आ रही हैं , आप महसूस कर पा रहे हैं, इस प्रकार आप अपने सिर

में , गर्दन , पीठ, छाती,पेट , दोनों हाथ ,दोनों पेरों में यह ऊर्जा पुरे शरीर में भर्ती जा रही हैं |और इसके साथ ही आप खुद को आत्म विश्वास से भरपूर महसूस कर रहे हैं |

में , गर्दन , पीठ, छाती,पेट , दोनों हाथ ,दोनों पेरों में यह ऊर्जा पुरे शरीर में भर्ती जा रही हैं |और इसके साथ ही आप खुद को आत्म विश्वास से भरपूर महसूस कर रहे हैं |

22

आकर्षण के नियम , प्रतिज्ञान (अफरमेशन)

आप एक शांत इंसान हैं |

आप शांति का प्रतीक हैं|

आपके व्यक्तित्व में आकर्षण बढ़ता जा रहा हैं |

आपमें भरपूर आत्मविश्वास और निडर होते जा रहे हैं |

आप सुखी और समृध्दशाली हैं |

आपकी एकाग्रता शक्ति और स्मरण शक्ति बहुत ही अच्छी हैं |आप रोज ध्यान के द्वारा सकारात्मक ऊर्जा पाते हैं |

हर पल शांति और आनन्द आपके जीवन में बढ़ता जा रहा हैं|

आप कोई और अफरमेशन देना चाहे दे सकते हैं दे सकते हैक्यों कि यह बिलकुल सही समय हैं,क्यों कि आपका अवचेतन

मन उसको जरुर करेगा ,क्यों कि यह सब आपके अवचेतन मन की

गहराइयो तक पहुचेगा ,क्यों कि आपका मन पूरी तरह से शांत हैं| अब धीरे धीरे आप वापिस उठेंगे , ध्यान रहे कि आँखे अभी बंद ही रहे , आँखे न खोले , धीरे से दाये या बाऐ की ओर करबट लेकर शांति से बैठ जाए ,लम्बी और गहरी साँस के साथ तीन बार ओम का उच्चारण करें | ओम के पहले उच्चारण के साथ अपनें हाथ घुटनों पर रखे |

ओम के दुसरे उच्चारण पर अपने दोनों हाथों को घर्षण करें जिससे हाथ थोड़े गरम हो जाए और इन्हें अपने आंखों पर लगा ले |

ओम के तीसरे उच्चारण पर धीरे धीरे अपनी आँख खोलते हुए वापिस इस दुनियां पर लौट आये|

अब आप बिलकुल शांत हैं , अनंत शान्ति का अनुभव कर रहे हैं |

23

क्या कारण हैं आप असफल हो जाते हैं ?

लक्ष्य का पूरी तरह से निर्धारित न होना |

आपके मष्तिष्क में विचार आते हैं फिर उसको करने की कोशिश करते हैं और जब आप आगे बढ़ते हैं ,और जब देखते हैं कि यह मुश्किल हैं और फिर आप पीछे हट जाते हैं | तो यह आपका लक्ष्य माना नहीं जाएगा |

अधिकतर लोग इसलिए असफल होते जाते हैं क्यों कि उनका लक्ष्य पूरी तरह से निर्धारित नहीं होता हैं |

उनके पास न तो लक्ष्य को लेकर पूरी तरह से जानकारी होती हैं, और न ही ज्ञान |

असफल होने का सबसे पहला कारण यही हैं कि आप बिना सोचे समझे फैसला ले लेते हैं | आप सिर्फ चीजों को बाहरी तरफ से देखते हैं और उसको प्रभावित होकर उसको करने की ठान लेते हैं | इसलिए

कोई भी लक्ष्य बनाने से पहले उसमे लगने वाला समय ,मेहनत और चुनोतियो का निर्धारण जरुर कर लेना चाहिए |

विश्वास और साहस की कमी

आप अपना लक्ष्य निर्धारित कर ले पर उस लक्ष्य के प्रति विश्वास और साहस की कमी हैं ,तो सबसेबड़ा कारण होता हैं आपके असफल होने का |

आपमें विश्वास और साहस का न होना, आपके लक्ष्यों से भटकाता हैं आपको बार बार लगता हैं , कि शायद मैं कर नहीं पाऊंगा |

यानी बाहर से तो कह रहे हैं कि मैं करूँगा मगर अन्दर से विश्वास और साहस की कमी होने के कारण आप गलतिया कर रहे हैं और बार बार असफल होते जाते हैं और फिर उस लक्ष्य को छोड़ देते हैं |

बहाने बनाना

मिस्टर राकेश बॉडी बिल्डर में अपना करियर बनाना चाहते हैं उन्होनें तय कर लिया कि रोज 3 घन्टे व्यायाम करेंगे | सुबह 1 घंटा और शाम को 2 घंटा | यह व्यायाम यह पूरी इमानदारी से 3 दिन

करते हैं उसके बाद वह न करने के बहाने ढूढ़ते हैं | वो चाहते तो हैं उनकी अच्छी बाड़ी बन जाए पर वो व्यायाम करने से बचना चाहते हैं |अपनी इस बहाने बाजी के कारण वह असफल हो जाते हैं |

गलतियों से नहीं सीखते

कहा जाता हैं कि असफलता हमारी शिक्षक होती हैं हमारी असफलता हमारी गलतियों के कारणहोता हैं क्यों कि हम कोई गलती करें इसमें कोई बड़ी बात नहीं, पर अगर हम अपनी गलतियों से भी कुछ नहीं सीखते तो यह हमारी सबसे बड़ी गलती होती हैं |हम गलतियों से सीखें और उसको सुधारने की कोशिश करें |

ज्ञान की कमी

मिस गीता सिंगर बनना चाहती हैं , उनकी आवाज भी अच्छी हैं , वो अच्छा गा भी लेती हैं मगर वह एक प्रोफेशनल सिंगर बन जाएंगे | नहीं , क्यों कि मिस गीता को जब तकसुरों का ज्ञान नहीं ले लेंगे तब तक वो प्रोफेशनल सिंगर नहीं बन सकते |आप के अन्दर टेलेंट हैं मगर स्किल्स नहीं हैं तो बार बार आप असफल होते रहेंगे | स्किल्स को सिखने की जरुरत होती हैं | किसी भी फिल्ड में जब तक प्रॉपर नॉलेज नहीं होगी तब तक आप बार बार असफल होते रहेंगे |

लोगों की बातों में आना

जी हा आप भी लोगों की बातों में आते जाते हैं , यदि किसी ने कह दिया कि , क्यों कर रहे हो उसमें क्या रखा हैं | कई लोगों ने कोशिश की पर वह फ़ैल हो गये , आप अपना समय इसमें खराब कर रहे हैं और कुछ हो पाएगा आपसे | तरह तरह की बाते मष्तिष्क में असर डालती हैं और आप इसको सच मानने लगते हैं और फिर लक्ष्य में नकारात्मक भावना , आपकी कोशिश और उत्साह को कम कर देती हैं और आप असफल होते जाते हैं |इसलिए लोगों की बातों पर ध्यान मत दीजिए | लोग तो जैसे हैं उसके अनुसार ही आपको जानते हैं , उसके अनुसार ही आपको बोलते हैं , पर आप से बेहतर आपके लक्ष्य को कोई नहीं जानता हैं |

आत्म अनुशाशन की कमी

आत्म अनुशाशन सफ्लता पाने के लिए सबसे महत्वपूर्ण आवश्यकताओ में से एक हैं , लेकिन हम इस बात पर ध्यान नहीं देते हैं | आलस्य और पर्याप्त आंतरिक शक्ति की कमी हमें अनुशासित होने से रोकती हैं | जब आप कोई लक्ष्य निर्धारित करते हैंतो आपको अनुशाशन में रहना बहुत जरूरी हैं | अनुशाशन के द्वारा आप अपने

आप को प्रेरित करते रहते हैं , पर इसके अभाव में आप असफल होते जाते हैं |

आपका स्वास्थ्य

यदि आपके कार्य में जोश नहीं हैं आप थके से महसूस करते हैं तो आपका मन कार्य में बिलकुल भी नहीं लगेगा और आप अपने लक्ष्य तक नहीं पहुँच पाएंगे | इसलिए अपने स्वास्थ्य पर आपको ध्यान देना होगा |

24

सही कल्पना कैसे करें ?

आकर्षण के नियम में कई तरह की विजुलाइजेशन तरीकों को इस्तेमाल किया जाता हैं क्यों कि हमारे चेतन मन प्रोग्रामिंग करने के लिए अलग अलग टूल सेट की आवश्यकता होती हैं इसमें विजुलाइजेशन , ध्यान ,सकारात्मक प्रतिज्ञान (अफ्फिर मेशन)

,मस्तिष्क की शक्ति और सबसे बड़ी बात विश्वास का होना बेहद जरुरी हैं वे एक तरह की माइंडफुलनेस यानी अभ्यास हैं जो हमारे स्वप्नों को पूरा करने के लिए हमें तैयार करती हैं |

25

विजुलाइजेशन क्या हैं ?

विजुलाजेशन करना एक दिमाकी काम हैं हम जो भी चाहते हैं उसकी दिमाक में एक छवि बनाते हैं फिर इन सभी छवि को दिन में 5 मिनट के लिए बार बार रिपीट करते इन 5 मिनट की प्रेक्टिस और हम अपनी नियोजन कल्पना (इमेजिनेशन)से हमारे जो गोल हैं उनको सफल होते हुए देखते हैं जिस पर आप फोकस करते हैं उसे ही आकर्षण करते हैं |यह एक आकर्षण का हिस्सा हैं |

किसी भी बडे प्रोजेक्ट से पहले हम उसकी डमी बनाते है जी कि मानसिक और लोकिक हो सकती हैं ऐसा क्यों कि इससे हम खुद को कठोर सकारात्मक मेसेज देते हैं कि हमारा भविष्य कैसा होगा आकर्षण के नियम में विभिन्न विजुलाइजेशन टूल्स का प्रयोग होता हैं अगर आप इसका प्रयोग करके अपने स्वप्नों को साकार करना चाहते हैं तो सबसे पहले आपको इसके महत्व को समझना जरूरी हैं | आज के समय में गोल को पूरा करने के लिए विजुलाइजेशन ध्यान का हम कोशिश करते हैं इसमें कल्पना का महत्व भी समझते हैं|

26

मस्तिष्क की प्रोग्रामिंग

विजुलाइजेशन कौशल हमारी मस्तिष्क प्रोग्रामिंग में मदद करती हैं इसके जरिये हम कैसे हम अपने स्वप्न के लक्ष्य की प्रक्रिया को समझते हैं ऐसा होने से आकर्षण का नियम की सही शुरुआत होती हैं।

27

पूरे विश्वास से महसूस करों

हम अपने गोल को लेकर जितना ज्यादा विजुलाइज करते हैं उतना ही खुद को आत्मविश्वासी पाते हैं खुद को हर रोज अपने लक्ष्य को प्राप्त हुए महसूस करें तो ऐसा करना हमें अपने लक्ष्य की नजदीक ले जाएगा |

28

विजुलाइजेशन से हमें चिंता से मुक्ति मिलती हैं

जब हम कल्पना करते हैं तब हम मन की शांति में होते हैं जिसकी वजह से हमें अपनी समस्याओं के प्रति जानकारी पाकर उन्हें समझ पाते हैं |प्रेरणा की शक्ति के द्वारा अपने स्वप्न जीवन को बनाने के लिए खुद को सफल और उतेजित (एक्साइटेड)महसूस करना |

यह सब महत्त्वपूर्ण बाते हैं जो हमें खास बनाती हैं अगर आप आकर्षण के नियम में सफलता पाने चाहते हैं तो सबसे अधिक लोकप्रिय दृष्टिकोण में से एक का प्रयोग करना चाहिए |

आसान और प्रभावी विजुलाइजेशन तकनीक हम चाहे जिस तकनीक का इस्ते माल करें हमें इसका फायदा मिलता हैं अगर आप आकर्षण के नियम को अपने जीवन में अपनाना चाहते हैं तो इन तकनीक को अपनाना चाहिए वैसे तो इसके लिए एक आसान तरीक हैं कि हमें हम अपने बेड पर बैठ जाए और खुद को आराम की स्थिति में

लाए इसके बाद आँखे बंद करके उसकी कल्पना करें जो हम चाहते हैं|

हम कैसे , कौन से तकनीक को विश्वास के साथ अपने लक्ष्य को प्राप्त करेंगें इन सब विजुलाईजेशन तरीकों के द्वारा हम खुद को आकर्षण के नियम का गुरु बन सकते हैं |

29

विजन बोर्ड

विजन बोर्ड एक तरह का कोलाज हैं जिसे तस्वीरों और रंगों से तैयार किया जाता हैं | फिर ऐसी दीवार पार लटका सकते हैं यह हमारी काम करने वाली डेस्क

जिसपे हम बैठ कर कार्य करते हैं या बिस्तर के सामने भी जिसमें सोते जागते उसमें नजर पडती रहें |

हम अपने उद्देश्य को एक फिल्म की तरह तैयार करते हैं यह फाइनेंसियल,रोमांटिक ,स्प्रितुअल या कोई और उद्देश्य से जुड़ा हुआ हो सकता हैं इसे बनाने में कोई कीमत नहीं लगती और यह रचनात्मक रास्ता हैं जो हमें भविष्य की इच्छा करने से जोड़ता हैं | इसको बनाने का मतलब है खुद की इच्छा को भौतिक रूप से समझना और महसूस करना और हर दिन प्रतिज्ञान (अफ्फिरमेशन) को करना |

30

मेजिक चेक

अपने सपने को एक कागज में लिखना यानी खुद को इस स्थिति में रखना ,ज्यादातर सफल लोग इसका इस्तेमाल फाइनेंसियल सपोर्ट को मजबुत बनाने के लिए करते हैं इसके लिए आपको एक ऐसा चेक चाहिए जिसे आपने खुद बनाया हो और उसमें साफ साफ लिखा हो ,कि आप क्या चाहते हैं |

मोहिनी के खाते में 10 हजार रुपये हैं और उसको 1 लाख चाहिए तो अगले 6 महीने की तिथि डालकर रख दे जहाँ आप इसे रोजाना देखेंगे |जब भी आप अपना मेजिक चेक देखते हैं ,तो ऐसा महसूस करें कि आप को पैसा मिल गया ,और आभारी रहें अब वह आप वह कर सकते हैं जो आप चाहते है|

31

मन की शक्ति कैसे कार्य करती हैं?

मनुष्य के मन को अलग अलग भागों में के रूप को देखते हैं | मन को दो भागों चेतन मन और अवचेतन मन के रूप में बांटा गया हैं |

चेतन और अवचेतन अवधारणा हैं इस अवधारणा को समझ कर आप अपने जीवन में एक बड़ा परिवर्तन ला सकते हैं |

32

आपके अवचेतन मन की अद्धभुत शक्ति

चेतन मन हमारी चेतन या सक्रिय अवस्था हैं , जिसमें हम सोच विचार और तर्क के आधार पर निर्णय लेते हैं या कोई कार्य करते हैं |आपका अवचेतन मन की गहराइयों में अनंत ज्ञान , अनंत शक्ति , अभी आवश्यक चीजों की अनन्तं मन एक स्टोरेज रूम की तरह हैं , जिसमें हमारे सभी विचारो ,अनुभवों , धारणाओं आदि को संग्रहित करता हैं | अवचेतन मन तर्क एवं सोच विचार के निर्णय नहीं लेता बल्कि यह हमारे पिछले अनुभवों , धारणाओं के आधार पर स्वचालित तरीके से कार्य करता हैं |

जब हम साईकिल चलाना शुरू करते हैं तो हम अपना चेतन मन इस्तेमाल कर रहे होते हैं | लेकिन जब बार बार साइकिल चलाने की कोशिश करते हैं , तो अब यह अनुभव हमारे अवचेतन मन में संग्रहित होने शुरू हो जाते हैं और धीरे धीरे अवचेतन मन , चेतन मन की जगह ले लेता हैं|

आपके अवचेतन मन में अनंत ज्ञान का भंडार हैं यह आपके पिछले अनुभवों के आधार पर कार्य करता हैं कि बस जरूरत हैं कि आप

इसे विकास और अभिव्यक्ति दें |यदि आप अपने गहरे मस्तिष्क की क्षमताओं को पहचानना शुरू कर देते हैं और फिर अपना आकार लेना शुरू कर देंगे |बस आप खुले विचारों वाले और ग्रहण शील हो |आपके अवचेतन मन के भीतर की अनंत बुद्धिमता आपको वह सब कुछ बता सकती हैं जो आपको समय और स्थान के हर पल में जानने की जरूरत हैं | आप नए विचार प्राप्त कर सकते हैं , ये अविष्कार कर सकते हैं , नई खोज कर सकते हैं कला में नए कार्यों का निर्माण कर सकतें हैं | आपके अवचेतन मन में मौजूद अनंत बुद्धि आपको अद्धभुत ज्ञान तक पहुंचा सकती हैं |यह आपके जीवन में सही अभिव्यक्ति और सही जगह का रास्ता खोल देंगी|

आप अपने अवचेतन मन के माध्यम के के साथ साथ सही व्यावसायिक सहयोग आकर्षित कर सकतेहैं यह आपको दिखा सकता हैं कि आप अपने जरूरत के अनुसार पैसा कैसे प्राप्त कर सकते हैं और कैसे वित्तीय स्वतंत्रता आपको कैसे देनी हैं |

हमारा अवचेतन मन एक ऑटो पायलट सिस्टम की तरह कार्य करता हैं जो अपने आप स्वचालित तरीके से कार्य करता हैं |

सभी स्वचालित कार्यों जैसे साँस लेना , दिल धडकना आदिन कार्य अवचेतन मन के द्वारा ही किए जाते हैं | हमारी आदतें एवं रोज के सभी कार्यों में अवचेतन मन का महत्वपूर्ण योगदान होता हैं |

हमारा चेतन मन जिन बातों में विश्वास करता हैं वह हमारे अवचेतन मन में जाकर बैठ जाते हैं , और इसी से हमारी सोच बनती हैं , हमारी सोच ही हमारा जीवन बनाती हैं |

सकारात्मक सोच आपकी सोच , विचार जितने ऊँचे होंगे , आपके संकल्प दृढ होंगे , आपको उपलद्धिध भी उतनी अधिक मिलेगी | मनुष्य का मस्तिष्क बहुत शक्ति शाली हैं यह अपार शक्तियों से भरा हुआ हैं |

यह ब्रह्माण्ड भावनाओं से संचालित हैं अगर आप सिर्फ बौद्धिधक दृष्टी से किसी चीज में यकीन रखते हैं लेकिन आपके मन में उसके अनुरूप भावना नहीं हैं , तो यह हो सकता हैं कि आपके आग्रह में इतनी शक्ति न हो कि आप अपनी मनचाही चीज को अपने जीवन में साकार कर सके |आपको इसे महसूस करना होता हैं |

(माइकल बनार्ड बेकविथ)

एक बार मांगे |फिर यकीन करें कि आप उसे पा चुके हैं |और फिर अच्छा महसूस करके उसे पाले | जब आप अच्छा महसूस करते हैं तो आप उसे पाने की फ्रीक्वेंसी पर हैं | आप सारी अच्छी चीजों को अपनी तरफ लाने की फ्रीक्वेंसी पर हैं और आप सिर्फ वही चीज मागेंगे , जिसके मिलने पर आपको अच्छा महसूस हों ना ? इसलिए यदि आप खुद को अच्छा महसूस करने की फ्रीक्वेंसी पर ले आते हैं , तो उसे पा लेंगे |

जब तक आप लगातार विचार करके किसी चीज का आह्वान न करें , तब तक कोई भी चीज आपकी जिन्दगी में नहीं आ सकती |

नेपोलियन का यह कथन आज भी पूर्ण रुपेण सत्य हैं की मानव मन जो भी सोचता हैं और उस पर विश्वास करता हैं , जीवन में वह उसे प्राप्त कर सकता हैं |

राबर्ट कोलियर का कथन चीजों को इस तरह से देखे जैसे आपकी मनचाही चीजें इसी वक्त आपको मिल चुकी हैं |विश्वास रखें कि जरुरत के वक्त आपके पास आ जाएगी | बस उसे आने दे | उनके बारे में चिंता न करें या परेशान न हो | उनकी कमी के बारे में न सोचे | उनके बारे में इस तरह से सोचे , जैसे वह आपकी हो चुकी हैं , आप उसके हक़दार हैं , आप उसके मालिक हैं |

जब मैं 17 साल की थी | तब मैंने एक कथन पढ़ा था जो कि इस प्रकार था | अगर आप प्रत्येक दिन को अंतिम दिन मन कर जीते हैं , तो किसी प्रकार इसका मुझ पर असर पड़ा और जीवन के 30 वर्षों और अपने आप से पूछा कि अगर यह जीवन का आखिरी दिन हो , क्या मैं वह सब करूंगी जो कि मुझे आज करना हैं | और जब कई दिनों तक इस प्रश्न का उत्तर नकारात्मक रहा तो मुझे लगा कि मुझे कुछ बदलने की जरूरत हैं |मैं सकारात्मक सोच रखू |

मैं सोचती हूँ कि जब आप याद रखते हैं की आप मरने वाले हैं तो आपका सारा भय समाप्त हो जाता हैं कि आप कुछ खोने वाले हैं | जब पहले से ही आपके पास कुछ नहीं हैं तो क्यों ना अपने दिल की बात माने |

किसी व्यक्ति को कैंसर था | उसका स्केन किया गया और फिर स्पष्ट हो गया कि ट्यूमर हैं और डाक्टर ने कहा कि अपने बच्चों को जो आप दस साल में बताने वाले है न, उन बातों को कुछेक महीनों में बताए |

पर डाक्टर ने अपने परिक्षण में यह पाया कि वे ऐसे कैंसर से पीड़ित हैं जो कि आपरेशन से ठीक हो सकते हैं | उस व्यक्ति का आपरेशन किया गया, और अब वह व्यक्ति पूरी तरह से ठीक हैं |और मैं उम्मीद करती हूँ कि इस उम्मीद के बाद वह कुछ और दशक तक वह व्यक्ति और जी सकते हैं |

मतलब मेरा कहने का मतलब हैं कि हम नकारात्मक सोचने की जगह सकारात्मक सोचे तो वह सकारात्मक में बदल जाता हैं |

प्रेम , सौंदर्य , उच्च भावना , प्रकाश और शक्ति की इस आंतरिक दुनियां की खोज कीजिए | क्यों कि अदृश्य शक्ति,छुपी हुई ताकतें शक्तिशाली हैं | आपके अवचेतन मन में इसकी सब समस्या का समाधान हैं | एक बार जब आप अदृश्य हुई शक्तियों का को प्रयोग तथा इसको कैसे इस ज्ञान को प्राप्त करना सीख जाते है तो आप परम आनंद ,सुरक्षा , प्रभुत्व मैं आगे बढने के लिए आवश्यक शक्ति और ज्ञान के वास्तविकता को सीख लेते हैं|

मैंने अवचेतन की शक्ति से लोगों को अपंग अवस्था से ठीक अवस्था में होते हुए देखा हैं जिससे वह एक बार फिर से ठीक और सम्पूर्ण जीवन के लिए मजबूत हो गए |आपके अवचेतन मन में चमत्कारी उपचार को ठीक करने की शक्ति हैं जो अशांत , चिंता ,गुस्सा और फिर से टूटे हुए हृदय को ठीक करने की क्षमता हैं यह आपको सभी भौतिक बंधन से स्वतन्त्र कर सकता हैं आप के मन के लॉक सिस्टम से आपको मुक्त कर सकता हैं |

आपकी सोच जितनी ऊँची होंगी आपके लक्ष्य उतने ही महान होंगे , उतना आप जीवन में प्राप्त कर लेते हैं | संकुचित विचार धारा से उपलब्दि्दयाँ छोटी मिलती हैं |असफल व्यक्तियों के संकल्प और मांग बहुत छोटी होती हैं | सफल व्यक्ति बड़े सपने देखते हैं | एप्पल , माइक्रोसोफ्ट , रिलायंस आदि जैसे संस्थान बहुत छोटे से प्रारम्भ हुए

लेकिन स्वप्न ऊँचें होने के कारण उप्लाध्धिया बढ़ी हासिल कर सके |यदि लक्ष्य और स्वप्न ऊँचें हो तो प्रयास भीअधिक बढ़े और ऊँचें होंगे |

जार्ज देर रात्रि तक पढ़ते थे | अगले दिन देर तक सोने के कारण क्लास में देरसे पहुचें | ब्लेक्बोर्ड पर टीचर ने दो सवाल लिखे | जार्ज ने उन्हें कापी पर उतार लिया और कई घंटे की महेनत के बाद उन्होंने उस सवाल का हल निकाल दिया |

बाद में यह पता चला कि टीचर ने उन प्रश्नों के बारे में बताया था कि, कोई दूसरे वैज्ञानिक भी इन सवालों की हल नहीं पाए थे |जार्ज ने यह बात नहीं सुनी थी|

यदि सुन ली होती तो इस सवालों को हल नहीं कर पाते ,क्यों कि उनकी सोच का दायरा सीमित हो जाता | असीमित सोच के साथ उत्साह और लगन के सहारे वो इन सवालों की हल करने में सफल हो गये | हम सभी के अन्दर भी अपार आंतरिक शक्ति विधमान हैं |उन शक्तियों की जाग्रत करना हैं , आप के सामने कोई शेर आ जाए तो आप इतना तेज दौड़ेंगे की ओलम्पिक के धावक भी आपसे पीछे रह जाएंगे ऐसे ही बढ़ी चुनौतियाँ अन्दर छिपी शक्तियों को जगा देती हैं |

आप कुछ लोगों को देखते सुनते हैं , जिस तरह के लोगों के साथ रहते हैं वह सब धीरे धीरे चाहते और न चाहते हुए आपके माइंड में फीड हो जाते हैं औरआपकी आदत बन जाते हैं , अगर आप नकारात्मक विचारों वाले लोगों के साथ रहते हैं तो आपका अवचेतन मन भी उसी तरह सोचना शुरू कर देता हैं|सकारात्मक विचार मेरे जीवन में सब अच्छा हैं|सब मुझे प्यार करते हैं | मैं सब यह कार्य कर सकता हूँ |मुझे हर चीज सही समय पर मिल जाती हैं | नकारात्मक विचार मेरे साथ ही ऐसा क्यों होता हैं |मुझे कभी अच्छी चीज मिली ही नहीं | मुझे कोई प्यार नहीं करता हैं| मेरे जीवन में कभी अवचेतन अच्छा हुआ ही नहीं |

अब आप समझ जाएंगे कि आपकी सोच कैसी हैं सकारात्मक या नकारात्मक |

कुछ लोग थोड़े सकारात्मक और थोड़े नकारात्मक होंगे उन्हें भी धीरे धीरे पूरी तरह से सकारात्मक बनाना होगा |

33

कैसे करे हम अपने जीवन में अवचेतन मन का उपयोग

अवचेतन मन के कार्य करने के दो नियम होते हैं | दोहराने से हर चीज अवचेतन मन का हिस्सा आदत बन जाती हैं | अवचेतन मन सच और कल्पना में अंतर नहीं करता हैं | इन दो नियमों के आधार पर अब हम जीवन में आदतों में ,जैसा चाहे बदलाव ला सकते हैं सकते हैं,हर वो असम्भव कार्य कर सकते हैं, अपना स्वभाव बदल सकते हैं | पूरी तरह से निश्रित कीजिए कि आप कैसा बदलाव चाहते हैं | तब बहुत सारे विचार मन में चलने लगते हैं | कोई भी विचार निश्रित और शक्तिशाली नहीं होने के कारण अवचेतन मन को प्रभावित नहीं कर सकता हैं | इसलिए बैठ कर सोचिए किस तरह का बदलाव अपने जीवन में चाहते हैं , उससे एक पेपर में लिखे | संकल्प वर्तमान में लिखे भविष्य में नहीं | जो भी संकल्प आप लिखना चाहते हैं , उसे वर्तमान वाक्य में लिखे |

मान लीजिए आपमें आत्म विश्वास की कमी हैं तो वर्तमान में लिखे कि मैं आत्म विश्वास से पूर्ण हूँ |

स्मरण शक्ति कमजोर है ना लिखे मेरी स्मरण शक्ति बहुत तेज हैं |

कमजोर अनुभव करते हैं तो लिखे मैं स्वस्थ और उर्जा वान हूँ|

सुबह जल्दी नहीं उठते है तो लिखे मैं सुबह 5 बजे उठ जाता हूँ और सारे कार्य समय पर निपटाता हूँ|

इस तरह न लिखे कि मेरा आत्म विश्वास बढाओ या स्मरण शक्ति तेज कर दो या मुझे शक्ति दो|यह वाक्य भविष्य के हैं वर्तमान के नहीं| अवचेतन मन भविष्य के शब्द भविष्य की तरह लेता हैं|

मेरे भीतर आत्म विश्वास नहीं है , मेरी स्मरण शक्ति कमजोर हैं ,यह कह कर आप गलत प्रोग्रामिंग हो जाएगी और आपकी स्मरण शक्ति और आत्म विश्वास भविष्य में तेज होती रहेगी , वर्तमान में नहीं होगी |अगर आप कल्पना में यह दृश्य बनाते हैं कि आप उस अवस्था को प्राप्त कर चुके हैं ,आप जैसा चाहते हैं , आपका अवचेतन मन इसी वर्तमान दृश्य को स्वीकार करेगा और वैसी ही ऊर्जा निर्मित करना शुरू कर देगा |

हमारे चेतन मन के पास 10% पॉवर हैं और अवचेतन मन के पास 90 % पॉवर हैं |यह ठीक बर्फ के पहाड़ जैसा हैं जिसका 10 % हिस्सा पानी के अन्दर और 90 % हिस्सा पानी के बाहर रहता हैं |ठीक इसी तरह से हमारा चेतन मन जब हम जाग्रत होते हैं तभी काम करता हैं लेकिन अवचेतन के मन 24 घंटे कार्य करता हैं |

कोई भी कार्य करने का आदेश पहले चेतन मन के पास पहुँचता हैं फिर अवचेतन मन के पास पहुँचता हैं |यह एक फ़िल्टर की तरह कार्य करता हैं यह अच्छे और बुरे का फर्क करके ही जरुरी सुचना अवचेतन मन के पास भेजता हैं |

कोई भी लक्ष्य तय करने में चेतन मन का प्रयोग होता हैं और अवचेतन मन उस कार्य को पूरा करता हैं |

34
मन और आत्मा

हमारा अवचेतन मन ही हमारी आत्मा हैं | जब कोई इंसान की आत्मा उसके शरीर को छोड़ कर जाती हैं तब उसकी मौत हो जाती हैं |

वास्तव में जब अवचेतन मन कार्य करना बंद कर देता हैं |मतलब जब शरीर के अन्दर की जो क्रियाए वो हमारा अवचेतन मन करता हैं और जब क्रियाए बंद हो जाती हैं तभी इंसान की मौत हो जाती हैं इस तरह हमारा अवचेतन मन ही हमारी आत्मा हैं | और सभी इंसानों का अवचेतन मन एक अलौकिक शक्ति के साथ जुड़ा होता हैं जिसे हम ईश्वर कहते हैं |

35
हमारे चेतन मन का स्थान

मन कोई भौतिक रूप नहीं हैं जिसे हम देख सकें , बल्कि मन एक शक्ति हैं , एक मन की उर्जा हैं |

चेतन मन हमारा मस्तिष्क हैं और हमारा अवचेतन मन पेट में जतन के पीछे चेतन्त्रा की जाली में होता है उसे नाभि चक्र , पेट का मगज आदि के नाम लोग जानते हैं |

चेतन मन को लोग तार्किक मन , जाग्रत मन ,ज्ञात मन ,प्रथ्थ्करण मन , ब्रह्मा मन आदि के नाम से जानते हैं |और अवचेतन मन को बिन तार्किक मन , अंतर मन ,अज्ञात मन , सर्जनात्मक मन,अर्ध जाग्रत मन के नाम से लोग जानते हैं |

36

हमारे जीवन में मन की अवस्थाए

हमारे मन में 4 तरह की तरंगे होती हैं इन तरंगों को हम इइजी (इलेक्ट्रो इन्सेप्लोग)के नाम से जानते हैं यह ब्रेन की तरंगों को मापने का यन्त्र हैं ब्रेन की 4 तरंगे होती हैं

बीटा ,आल्फ़ा ,थीटा, गामा

बीटा अवस्था

बीटा में हमारा ब्रेन पूरी तरह से सक्रिय रहता हैं जिसमें यह दिमागी तरंगें 20 से 24 प्रति मिनट तक चल रही होती हैं |यह पूर्ण सक्रिय अवस्था हैं

अल्फा अवस्था

अल्फ़ा तरंगों से हमारा मन थोडा शांत हो जाता हैं इसमें हमारी दिमागी तरंगे 8 से 15 के बीच प्रति मिनट रफ़्तार से चल रही होती हैं इसको हम

आधी सुप्त और आधी जागी अवस्था कहेंगे |

थीटा अवस्था

थीटा अवस्था में हम पूरी तरह से शांत होकर निंद्रा की अवस्था में चले जाते हैं | इसमें हमारी दिमागी तरंगे 5 से 8 के बीच प्रति मिनट हो जाती हैं | इसको हम पूर्ण निंद्रावस्था कह सकते हैं| इस अवस्था में हम स्वप्न देखते हैं इस अवस्था में हम गहरे अवचेतन मन के नजदीक होते हैं |

डेल्टा अवस्था

डेल्टा तरंगों में हम गहरी समाधि जैसी अवस्था में पहुंच जाते हैं जहाँ हमारी तरंगे 3 से 5 के बीच प्रति मिनट चल रही होती हैं |इस अवस्था में हम पूर्ण बेहोश होते हैं |

यह गहरी निंद्रा वस्था 8 घन्टे की नींद में मुश्किल रूप से 2 घन्टे के आसपास होती हैं |हमारा मन पूरी तरह से निष्क्रिय .शांत हो जाता हैं |

अवचेतन मन को सुझाव देने के लिए गहरी अल्फ़ा स्थिति ही अपने आपमें पर्याप्त हैं | दिन में हम जब जग रहे होते हैं तब हमारा चेतन मन कार्यरत रहता हैं |और जब हम रात में सो रहे होते हैं तब हमारा अवचेतन मन कार्य कर रहा होता हैं |अब ऐसी स्थिति में हम जब अपनी बातं अपने अवचेतन मन में पहुँचाना चाहते हैं तो हमें एक ऐसी स्थिति में जाना होगा जिसमें हमारा दोनों ही मन कार्यरत हो और यह अल्फ़ा स्थिति में संभव हो पाता हैं इसलिए अल्फ़ा स्थिति का हमारे जीवन में अति महत्वपूर्ण हैं |अल्फ़ा स्थिति में कोई भी हम सन्देश हमारे चेतन मन से अवचेतन मन को दे सकते हैं |

हमारे जीवन में आल्फा अवस्था का महत्व

इस अवस्था में पहुंच कर हम अपने अवचेतन मन को अच्छे सुझाव दे सकते हैं इसलिए दिन में एक बार अवश्य आल्फा अवस्था में बैठ कर अपने अवचेतन मन को अच्छे सुझाव देने चाहिए |

1 आल्फा अवस्था हमारे शरीर के हीलिंग पॉवर को बढा देती हैं |

2 हमारा शरीर आयु रहित आल्फा अवस्था के कारण बन सकता हैं | जब हम आल्फा अवस्था में पहुंचते हैं तब हमारी एजिंग प्रोसेस बंद हो जाती हैं |और उससे हमारा आयुष्य बढ़ता हैं | प्राचीन काल में ऋषि मुनि तपस्या में आल्फा अवस्था बैठे रहते थे |और 500 साल जीते थे | हम आल्फा में दो तरीकों से पहुँच सकते हैं |

- कुदरती तरीका

रात को जब हम सोने जाते हैं तब और जब सुबह हम उठते हैं तब हम आल्फा अवस्था में होते हैं |

* अपनी मर्जी से

हम अपनी मर्जी से भी आल्फा लेवल तक पहुँच सकते हैं उसके लिए एक तरीका हैं पूर्ण रूप से आराम (रिलेक्सेशन)|

38

मन की प्रोग्रामिंग

अवचेतन मन एक रोबोट की तरह हैं जो अपने आप भला बुरा नहीं सोच सकता हैं यह तो केवल पहले से प्रोग्रामिंग के अनुसार स्वचालित तरीके से कार्य करता हैं |

हम यह भी कह सकते हैं हम जो भी कुछ करते है या सोचते हैं उससे हमारा अवचेतन मन की प्रोग्रामिंग होती रहती हैं और फिर बाद में धीरे धीरे अवचेतन मन उस कार्य को नियंत्रित लगता हैं|

हमारी आदतों और धारणाओं का भी इसी तरह से निर्माण होता हैं और बाद मैं वह आदत स्वचालित रूप से अवचेतन मन के द्वारा नियंत्रित होती हैं |

यह इस बात पर निर्भर करता हैं कि हम किस तरह से प्रोग्रामिंग करते हैं कैसे करते हैं | एक बार प्रोग्रामिंग के बाद अवचेतन मन उसी तरह से कार्य करने लगता हैं चाहे वह कार्य गलत हो या सही |

चेतन मन को विचाओं का पहरेदार भी हम कह सकते हैं दरअसल हमारा हर विचार एक बिज की तरह हैं और हमारा अवचेतन मन एक बगीचे की तरह हैं हमारा चेतन मन यह निर्णय करता है कि अवचेतन मन में कौन सा बीज बौना हैं और कौन सा नहीं बौना हैं |

हम कभी कभी अपने अवचेतन मन की गलत प्रोग्रामिंग कर देते हैं जैसे मैं सोचती हूँ आज में यह कहानी लिखूंगी तो यह छोटा सा विचार धीरे धीरे मेरे कार्य को कल पर टालने की आदत बन सकती है |

गहन चिंतन और ध्यान के द्वारा हम अवचेतन मन की फिर से प्रोग्रामिंग कर के इसमें इंस्टाल किए हुए गलत डाटा को मिटा सकते हैं |

हमारे जीवन के महत्वपूर्ण भाग को अवचेतन मन का रोबोट नियंत्रित करता हैं और यह रोबोट चेतन मन के द्वारा नियंत्रित होता हैं और इसकी प्रोग्रामिंग विचार रूपी बीज से ही होता हैं |इसलिए सफलता इस बात पर भी निर्भर करती हैं हम किस तरह का विचार , कौन सा विचार अपने जीवन में चुनते हैं और अपने अवचेतन मन में किस तरह का प्रोग्रामिंग इंस्टाल करते हैं|

39

टेलीपेथी

हममें से ज्यादा तर लोग इस तरह का अनुभव करते हैं कि कुछ देर पहले ही हमने मन में विचार किया कि हमारा बेस्ट फ्रेंड हमे फोन करने वाला हैं और उसके कुछ देर बाद ही उसका फोन आ जाता हैं और यह बात हममे से हर कोई इस बात का अनुभव करता हैं |

इसके अलावा कभी कभी हमारे पास कोई व्यक्ति आनें वाला हो तो हमें इसका आभास होने लगता हैं |

टेलीपेथी में हमारा शरीर कार्य नहीं करता इसमें हमारा काम करता हैं हमारा मन | हमारा मन और उसका अवचेतन हिस्सा | इसलिए जब भी आप कोशिश करें तब मन को शांत और शरीर को शिथिल कर ले |

टेलीपेथी के लिएँ सही विचारों का चुनाव करे हमारा शरीर मानसिक तरंगों को ग्रहण करता हैं , इसलिए इसे ज्यादा से ज्यादा सेंसिटिव बनानें के लिए हमे मन की स्थिति को कण्ट्रोल करना पड़ता हैं तभी हमारा शरीर ब्रह्माण्ड के सिग्नल को रिसीव करने लगता हैं | अगर आप अपने मन को कण्ट्रोल कर सकते हैं और मन चाहे आदेश उसमें डाल सकते हैं तो आप घर पर ही टेलीपेथी की कोशिश कर सकते हैं|

टेलीपेथी से हम अपने विचार को इलेक्ट्रिक सिग्नल के रूप में ट्रान्सफर करते हैं | हमारा मस्तिष्क इस कार्य को प्रभावशाली तरीके से

कर सकता हैं , जब हमारा मन शांत हो उस स्थिति में यह आसपास तैरती तरंगों को महसूस करने लगता हैं इसलिए जब भी टेलीपेथी की कोशिश करने जा हैं हो तो मन मस्तिष्क से विचार शून्य हो |इसकों घर में कोशश करने के लिए पहले अपने मन को विचार शून्य अवश्य कर ले |

टेलीपेथी में हमारे भौतिक शरीर का कोई योगदान नहीं रहता हैं इस के लिए मन के विचार ट्रांसफर प्रोसेस को समझे | जिसमें हम बिना किसी प्रोग्रामिंग के एक दुसरे से मानसिक रूप से जुड़ते हैं |और एक बात मन की शक्ति अ पार हैं अनंत हैं जिसे जितने ज्यादा महत्व देंगे उसे उतने ज्यादा जाग्रत रख पाएंगे |

टेलीपेथी में दो चीजे ध्यान रखे |

एक तो आपके विचार साफ़ और लगातार होनें चाहिए | दूसरा आपकी भवना शक्ति कमजोर नहीं पडनी चाहिए |

पहले स्टेप में

आपको अपने भौतिक शरीर को शिथिल करने की जरुरत हैं , जिसके लिए आपको एकान्त की आबश्यकता होगी और एक मधुर मनोरम म्यूजिक होना चाहिए जिसकी मदद से आप विचारों को शून्य कर सकें | आपकी एकाग्रता और भावना शक्ति मजबूत होना चाहिए | यह आपकी द्वारा भेजी जाने वाली इलेक्ट्रिक सिग्नल को प्रवर्धक (अम्प्लिफय)कर देता हैं|

दूसरा स्टेप

यह आपके प्राण शक्ति पर कार्य करता हैं इसके अनुसार आपकी प्राण शक्ति को अगर शरीर से अनलॉक कर दिया जाए तो यानी इसको मुक्त कर दिया जाए भावना शक्ति द्वारा और एक जगह पर एकाग्रता कर उसे विचारों के साथ भेज दिया जाए तो यह सबसे ज्यादा प्रभावशाली तरीका होगा आपके दूसरों से जुड़ने का |

इसको बैठ कर या लेट कर दोनों ही स्थिति में किया जा सकता हैं मगर दोनों ही स्थितियों में मष्तिष्क विचार शून्य हो और शरीर को शिथिल (स्थिर)करना होता हैं |

अपने आपको विचार शून्य करने के बाद जब हम प्राण शक्ति को एक जगह एकाग्रहित कर लेते हैं तो हमारी आध्यात्मिक शक्ति बढ़ जाती हैं जिससे हम ज्यादा विचार शक्ति सम्पूर्ण ब्रह्माण्ड में व्याप्त होने लगती हैं और हम मानसिक रूप से जुड़ने लगते हैं |

इस तरह से हम किसी से भी जुड़ सकते हैं लेकिन हमें सिर्फ उसका ही ख्याल रखना होगा और वो हमसे कोस्मिक लेवल पर जुड़ा होना चाहिए |

यह कार्य तब ज्यादा अच्छे तरीके से होता हैं जब आप रात के 11 बजे के बाद करते हैं क्यों कि वो इस वक्त सो चुका होगा या फिर उसकी भौतिक गतिविधि मंद पर चुकी होगी |

आप चाहे तो भावना शक्ति से एक ही संदेश बार बार दे कर उसे अपनी इलेक्ट्रिक सिग्नल भेज सकते हैं यह आपके विचारों के कम्पन सिद्धांत पर कार्य करता हैं |

तीसरा स्टेप

तीसरे स्टेप में पहुँचने से पहले आपको पहले शरीर को शिथिल कर अवचेतन मानसिक स्टेज पर पहुँचना होगा | यहाँ आपको पता होता हैं कि आपकी शक्तियां क्या हैं ... .. अपनी शक्ति को पहचान कर उसे सही दिशा देने से आप मानसिक यात्रा का अनुभव कर सकते हैं .. जब भी आप विचार सम्प्रेष्ण कर रहे होते हैं |आपकी विचार शक्ति उस विचार को ज्यादा से ज्यादा दुरी तक भेज सके इसका भी ध्यान रखे | आपकी इच्छा शक्ति जितनी मजबूत होंगी आप विचारों को उतनी ही दूर भेज पाएंगे |कोशिश रखे कि उस वक्त आपके ऊपर मानसिक दबाब न बन पाए , एक विचार सोच ले , जो आपको सामने वाले के पास भेजना हैं यह जरुर ध्यान दे कि विचार स्पष्ट और छोटा हो , वर्ना आपको भेजने में मुश्किल होगी और सामने वाला उसको रिसीव नहीं कर पाएगा |उसके

बाद आप योग निंद्रा जरुर ले यह आपकी थकान मिटा देती हैं और आपके ऊपर जो मानसिक दबाब बनता हैं उसको कम करती हैं मस्तिष्क एक भौतिक चीज जैसा हैं जिसको हमदेख सकते हैं , छु सकते हैं , कट सकते हैं , रिपेयर कर सकते हैं ,नाप सकते हैं |लेकिन मन एक ऊर्जा हैं बिजली जैसे उर्जा | जिसको हम देख नहीं सकते बल्कि महसूस कर सकते हैं |मनुष्य का जीवन बनाने में मन का बहुत ही महत्व पूर्ण योगदान हैं |वैसे कंप्यूटर की भाषा में इसको कहा जाए तो यह एक सॉफ्टवेयर हैं |हमारे जीवन को बेहतर बनाने के लिए यह अति आवश्यक हैं कि यह हम समझे कि यह किस तरह कार्य करता है , और कसे इसकी शक्ति को समझ कर हम अपने जीवन को और बेहतर बना सकते हैं |कई बार इस शक्ति का दूरप्रयोग के कारण मनुष्य के जीवन में मुश्किलें भी आ सकती हैं | जिस प्रकार बिजली का गलत प्रयोग होने के कारण शार्ट सर्किट यानि विष्फोट जैसी घटना हो सकती हैं उसी प्रकार मन की ऊर्जा का गलत प्रयोग करने से जीवन में मुश्किलें आ सकती हैं |

मन दो प्रकार से हमारे जीवन में कार्य करता हैं चेतन मन और अवचेतन मन |

चेतन मन यानि सक्रिय अवस्था (एक्टिव)जिसमें हम तर्क के आधार पर निर्णय लेते हैं और अवचेतन मन में हम सोच विचार करके निर्णय नहीं लेते , बल्कि पिछले अनुभवो के आधार पर अपने आप कार्य करता हैं |

चेतन मन हमारी जाग्रत अवस्था में काम करता हैं लेकिन अवचेतन मन , जब हम सो जाते हैं सुप्त अवस्था में अपना कार्य करता हैं |जब हम सो जाते हैं तो उसके बाद भी काम करता हैं |

मानसिकता(माइंड सेट) एक दृष्टिकोण का स्थापित सेट हैं |मन के सोचने सझने की क्षमता और विचारों की दिशा हैं |

मौन मन की वह आदर्श अवस्था हैं जिसमें डूबकर मनुष्य परम शांति का अनुभव करने लगता हैं|मन की चंचलता समाप्त होते ही मौन की दिव्य अनुभूति होने लगती हैं| मौन मन को उधर्व मुखी बनाता हैं तथा इसकी गति की दिशा विशेष में तीव्र कर देता हैं | जप साधना करने वाले के लिए मौन एक अनिवार्य शर्त हैं| मौन का बने रहना नहीं हैं बल्कि

अनावश्यक विचारों से मुक्ति पाना हैं | मौन में मन शक्ति सहज और उर्वर होती हैं और सृजनशील विचारों को ग्रहण करती हैं | मौन द्वारा वाणी में नियंत्रण लगाया जा सकता हैं |शांत मन मानसिक शक्तियों के द्वार का पहरेदार होता हैं | सिध्द पुरुष मन की इस महत्व को जानते हुए हर सफल वचनबात बोलते हैं, जो मंत्र के समान प्रभावी होते हैं|

जो प्रकृति के नियमों का उल्लंधन करता है वह अपनी मन की लगते हैं | मौन और एकांत आत्मा के सबसे बड़ें मित्र हैं |

अवचेतन मन के बिना काम नहीं करता कोई मंत्र |

चेतन मन के कार्य

1.संवेदना पर नियंत्रण

हमारी नाक , आँखें , जीभ , त्वचा ,कान आदि हमारा चेतन मन करता हैं |

2.निर्णय

सच और गलत जानने के बाद जो हम निर्णय लेतेहैं वह चेतन मन से लेतेहैं |

3.तर्क करना

कोई भी कार्य जो प्रश्न पूछता है क्या , क्यों, कैसे ,कब आदि जो चेतन मन करता है |

4.प्रथ्थ्करण

किसी भी चीज का अलग होना चेतन मन के द्वारा होता हैं यह कार्य चेतन मन करता हैं |

5.इधर उधर

चेतन मन को यानि हम अपने शरीर को अपने मुताबिक़ इधर उधर कर सकते हैं |

6 विचार (थॉट)

जब हम सुबह उठते हैं तभी से हमारे मन में विचार शुरू हो जाते हैं और जब हम सो जाते हैं तो यह कार्य नहीं करता हैं|क्यों कि चेतन मन नींद मैं कार्य नहीं करता हैं |

7.चेतन मन से सही अवसर को जानना संभव होता हैं|

8.सच और गलत की परख किससे हम तय करतें हैं

हम सही हैं या गलत हैं इस चेतन मन से तय करते हैं |

9.अमल करना

एक बार जब हम निर्णय लेने के बाद अमल करते हैं यह चेतन मन से होता हैं |

10.पसंदगी

किसी चीज को पसंद करना जैसे हमें क्या खाना हैं , क्या पहनना हैं ,कहाँ जाना हैं ,क्या देखना हैं आदि हम सब चेतन मन से करते हैं|

11.इच्छाए

किसी भी चीज या कार्य के प्रति इच्छाए जगाना चेतन मन का कार्य हैं |

12.खराब विचारों यानि नकारात्मक विचारों का अवचेतन में जाने से रोकता हैं

40

अवचेतन मन के कार्य दूर संवेदना (टेलिपेथी)

भगवान ने हमारे मन में एक ट्रांसमीटर और एकं रिसीवर फिट कर रखाहैं जों कि इतना शक्तिशाली होता है कि पुरे ब्रह्माण्ड में इतनी शक्तिशाली मशीन किसी भी इंसान ने नहीं बनाई हैं लेकिन हम मशीन को चलाना नहीं जानते हैं इसलिए इसकी शक्तियों से अनजान हैं | लेकिन हम पद्धति का इस्तेमाल करके हम दुसरें लोगों के मन की बात जान सकते हैं |

41

संवेदना क्या कार्य करती हैं

इधर उधर करना और संवेदना यह कार्य चेतन और अवचेतन मन करता हैं | जब हम जाग्रत अवस्था में होते हैं तब हमारे शरीर का इधर उधर करना और संवेदना पर काबू पाना चेतन मन के पास होता हैं और जब हम सो जाते हैं तब यह कार्य हमारा अवचेतन मन करता हैं |

42

त्वरित प्रतिक्रिया का हमारे जीवन पर प्रभाव

अवचेतन मन की शक्ति हमें आपात कालीन स्थितियों से हमे बचाती हैं , जैसे आग पर पैर रखते ही हमारा पैर अचानक हटा लेते हैं, सांप को देखकर उल्टे पांव भाग खड़े होते हैं |सीडी में गिरते ही सँभलने की कोशिश करने लग जाते हैं |

यादशक्ति

यादशक्ति के लिए 3 कदम है|

1.रजिस्टर 2 स्टोरेज 3.रिकालिंग

रजिस्टर और रिकालिंग चेतन मन हैं हमारा जब की स्टोरेज अवचेतन मन से जुडा होता हैं | अगर स्टोरेज ठीक से हुआ हैं तो बुलाना (रेकालिंग) आसान हो जाता हैं |

43

अंतरात्मा की आवाज

जब भी हम कोई गलत कार्य करते हैं तो अन्दर से आवाज आती है कि यह गलत हैं , यह सही हैं | ईश्वर ने इंसान को गलत कार्य से रोकने के लिए उसके भीतर यह रडार सेट कर रखा हैं जो अवचेतन मन के नियंत्रण में हैं |

क्यों भावना के गुणांक (आई क्यू लेवल) का हमारे जीवन में केवल सोचने की शक्ति का निर्धारण नही करता हैं?

उच्च भावना (आई क्यु लेवल) सफलता का मानक हैं बल्कि यह इमोशन आई क्यु लेवल) व्यक्ति की उच्च भावना ही व्यक्ति को सफल बनाता हैं |उच्च शिक्षित व्यक्ति कभी कभार कम भावना के गुणांक के कारण बड़ी संस्था को हानि पहुंचाता हैं

लगभग सभी पुरुष बुद्धिमान हैं | यह वह तरीका हैं जिसकी उनमें कमी हैं |(ऍफ़ डब्लू निकोल)

आई क्यु सब कुछ हैं इस मिथक को तोडना हैं|

की और अधिक गहराई से जानें और बड़े मिथकों के बारे में जाने | मिथक 1 स्मार्ट तरीके से सोचने के लिए उच्च इंटेलिजेंस कोशेंट (आई क्यू) की आवश्यकता हो ती हैं और कम आई क्यू उन्हें समग्र रुप्नसे सोचने में कम सक्षम बनाता हैं |लेकिन यह मुख्य रूप से आई क्यू

की अवधारणा की स्पष्ट समझ की कमी के कारण और उनका मुख्य उद्देश्य यह अनुमान लगाने मैं मदद करना था की किन बच्चों को स्कूल में कठिनाइयों का अनुभव होने की सबसे अधिक संभावना हैं |

एक आई क्यू की गणना किसी भी व्यक्ति की मानसिकता (परिक्षण द्वारा मापी गई)को उनकी वास्तविक आयु से विभाजित करके और परिणामी भागफल को 100 से गुणा करके की जाती हैं | परिणामी संख्या आपका आई क्यू स्कोर हैं , और इसकी तुलना बाकी लोगों से की जाती हैं |०.200 के पैमाने पर |

जब कि परिक्षण की शुरुआत के बाद सके परिक्षण किए गए जैसे बच्चों के लिए वेवस्लर इन्टेलिजेंस स्केल (डब्लू आई एस सी)स्टैन फोर्ड बिनेट ,बच्चों के लिए कांफमैंन असेसमेंट बैटरी बच्चे (केएबीसी) आदि

बात यह हैं कि वे किसी भी व्यक्ति संज्ञानात्मक क्षमता को विशेष रूप से सरल और सैद्धातिक समस्याओं को हल करने की क्षमता को मापते हैं |

क्या आप दुनिया में सबसे ज्यादा 10 %वाले लोगों की सूची की जांच कर रहे थे | आप कई लोगों को नहीं पहचान पाएंगे |

दुनिया के सबसे बुद्धिमान और प्रसिद्द विचारकों का आई क्यू बहुत अधिक नहीं था |स्टीफन हाकिंग , अल्बर्ट आइस्टीन | इनके पास लगभग, 160 का आई क्यू था , जो अच्छा तो माना जाता हैं लेकिन खगोलीय नहीं |

टोरटो विश्व विधालय कनाडा में मानव विकास और मनोविज्ञान के प्रोफसर और वाइट इन इंटेलिजेंस टेस्ट्स

मिस के लेखक ने कहा कि आई क्यू परीक्षण संज्ञानात्मक कार्यप्रणाली के एक महत्वपूर्ण डोमेन को मापते हैं और वेमांड अकादमिक और कार्य सफलता की भविष्यवाणी करने में काफी अच्छा हैं | लेकिन वे अधूरे हैं वे कौशल से पूर्ण रूप से कम हैं जो अच्छी सोच के दायरे में आते हैं | आई क्यों सब कुछ नहीं होता|

निष्कर्ष

अगर हमारे पास वो सारी चीजें हैं तो अभी से शुक्र- गुजार हो जाए |रोज सुबह उठते है उन चीजों के लिए धन्यवाद करे जो हमारे पास हैं अभी बचे हुए हैं ,ऐसा ना हो वो चीजें हमारे हाथ से निकल जाए |उससे पहले उन सबके लिए कृतज्ञ हो जाओ |जब अक्सर चीजे खो जाती हैं तब हम महसूस करते हैं, तब न हमें उस चीज का महत्व समझ आता हैं |तब आप दुःख से भर जाते हैं कि आपके पास पैसा था वोहाथ से चला गया |वो रिश्ता था चला गया क्यों की वो था तो उसके लिए धन्यवाद नहीं किया उनके लिए आभार नहीं थे | इसलिए जो चीजे आपके पास हैं उसके लिए अभी से धन्यवाद रहें |

आकर्षण का नियम वैज्ञानिक या कानूनी अर्थो में कोई नियम नहीं हैं |वर्तमान में इसका समर्थन करने के लिए कोई वैज्ञानिक प्रमाण नहीं हैं |यह अभिव्यक्ति के कई तरीकों में से एक हैं जो तर्क देता हैं कि आपके विचार आपकी वास्तविकता को प्रभावित करती हैं |

जो व्यक्ति बुरी चीजों पर बहुत अधिक ध्यान केन्द्रित करता हैं , उसे नकारात्मकता अनुभव होंगे |लेकिन अगर कोई अपने विचारों और अवचेतन मन को सकारात्मकता के बारे में सोचता हैं ,तो और अच्छी चीजे होंगी |

सकारात्मक सोच बेहतर शारीरिक स्वास्थ्य , लम्बे जीवन और यहाँ तक कि हृदय रोग के कम जोखिम से जुडी हैं | अच्छी मानसिकता रखने से मानसिक स्वास्थ्य लाभ भी होता हैं|यह तनाव , अवसाद के जोखिम को कम कर सकता है |

आकर्षण का नियम सकारात्मक आत्म चर्चा , विजुअलाइजेशन और एक ऐसी दुनियां बनाने के लिए हमारी स्थिति को बदलना शामिल हैं जिसमें हम रहना चाहते हैं |

यह बेहतर भावात्मक स्थिति आपको अधिक एक्सपर्ट बनाने के लिए ट्रैक पर रखती हैं , जिससे अंतत अधिक सफलता मिलेगी |और आप बढ़ी हुई सावधानी , कृतज्ञता और आत्म करुणा भी देखेंगें |

सन्दर्भ

मैंने इस किताब को युटयुब किताब और पुस्तकों के संदर्भों का उपयोग करके लिखा हैं यहाँ उनमें से कुछ हैं, जिन्हें मैं पाठकों को पढने की सलाह देती हूँ |

1 बिल्ड हप्पिएर ब्रेन (सोम बाटला)

2.द लाइफ चेगिंग पॉवर (मार्क रेक्लाऊ)

3.पॉवर ऑफ़ ग्रेटूटीयुटी (गूगल)

4.पॉवर ऑफ़ ग्रेटूटीयुटी(लोइस ब्ल्य्थ)

5.पॉवर ऑफ़ लो ऑफ़ अट्रैक्शन (युटीयूव)

6.द लो ऑफ़ अट्रैक्शन (एस्थेर हिक्क्स)

7.रिच डेड पुअर डेड (कु कु ऍफ़ एम)

8.थिंक एंड ग्रो रिच (डीलक्स हार्डबाउंड एडिशन)

क्या मैं आपसे एक छोटा एहसान मांग सकती हूँ ?

इस किताब को शुरू से पढने के लिए मैं आपको धन्यवाद देना चाहती हूँ|इतनी सारी लिताबे मार्किट में हैं , आप कोई भी किताब चुन सकते थे , लेकिन आपने पढने के लिए मेरी किताब ली , और इसके लिए मैं आपका धन्यवद करती हैं |

मुझे आशा हैं कि आपको कम से कम कुछ जानकारी मिली होगी , और यह किताब पढ़ कर आपको मिली होगीं , और यह किताब पढ़ कर आपको अच्छा लगा |

क्या मैं आपसे 5 मिनट का और समय मांग सकती हूँ |

मुझे अच्छा लगेगा यदि आप किताब की समीक्षा आप मुझे दे |बड़े नाम वाले लेखकों के लिए समीक्षाए मायने नहीं रखती , लेकिन वह लेखक मेरे जैसे लेखकों के लिए बहुत ही मदद गार हैं|

जिसके ज्यादा फालोअर्स नहीं हैं | वह लोगों को मेरी किताब पर मौका लेने के लिए प्रोत्सहित करके मेरे पाठकों की संख्या बढ़ाने में मेरी सहायता करते हैं |

सरल शब्दों में समीक्षा किसी भी लेखक की आत्मा होती हैं यानि जीवन देने वाली दवाई का कार्य करती हैं |

कृपया किताब में आप अपनी समीक्षा दीजिए |

तथा अपने प्रश्नो का निराकरण भी मेरे मेल द्वारा साझा कर सकते हैं |

1310.sapna@gmail.com

"धन्यवाद"